2024

2024 年度
江苏省教育数字化发展报告

U0890549

江苏省教育信息化与数据管理中心
教育部教育信息化战略研究基地(华中)
编

東南大學出版社
SOUTHEAST UNIVERSITY PRESS
·南京·

图书在版编目（CIP）数据

2024年度江苏省教育数字化发展报告 / 江苏省教育信息化与数据管理中心，教育部教育信息化战略研究基地（华中）编. --南京：东南大学出版社，2025. 8.

ISBN 978-7-5766-2299-7

Ⅰ. G43

中国国家版本馆CIP数据核字第2025VD9860号

2024年度江苏省教育数字化发展报告

编　　者	江苏省教育信息化与数据管理中心 教育部教育信息化战略研究基地(华中)
责任编辑	褚　蔚
责任校对	子雪莲　**封面设计**　王　玥　**责任印制**　周荣虎
出版发行	东南大学出版社　**邮编**　210096　**电话**　025-83793330
出 版 人	白云飞
经　　销	全国各地新华书店
印　　刷	徐州绪权印刷有限公司
开　　本	787 mm×1092 mm　1/16
印　　张	7
字　　数	122千字
版　　次	2025年8月第1版
印　　次	2025年8月第1次印刷
书　　号	ISBN 978-7-5766-2299-7
定　　价	88.00元

(本社图书若有印装质量问题，请直接与营销部联系。电话：025-83791830)

2024 年度江苏省教育数字化发展报告
编委会

前言 / PREFACE

近年来，江苏省认真贯彻习近平总书记关于教育的重要论述，特别是关于教育数字化的重要指示精神，全面落实国家教育数字化战略行动部署要求，坚持以人为本、需求导向、应用为王、创新驱动，大力推动人工智能等新技术与教育深度融合，持续释放教育数字化的溢出效应和倍增效应，为加快建设教育强省提供了有力支撑。

为了全面掌握各地各校教育数字化发展状况，为江苏省教育数字化建设提供支持和参考，江苏省教育信息化与数据管理中心联合教育部教育信息化战略研究基地（华中）编制了本《2024 年度江苏省教育数字化发展报告》。

报告参考国内外教育数字化的发展评价研究成果，从基础设施、教育资源、教学应用、管理数字化、保障措施五个维度，对 2024 年度江苏省教育数字化的发展数据进行重点分析和比较研究，形成了基础教育数字化、职业教育数字化、高等教育数字化分项发展报告及智慧教育样板区建设、中小学人工智能教育专项发展报告，以此全面反映 2024 年度江苏省教育数字化建设的新进展、新成效。同时，报告聚焦江苏省教育数字化发展过程中的短板与弱项，结合实际分析原因，提出对策建议。

自 2016 年以来，江苏省建立了教育信息化年度发展报告例行发布机制。报告的连续编制出版，客观记录了江苏省教育数字化的发展状态，动态呈现了江苏省教育数字化的发展轨迹，为江苏省教育数字化政策制定、制度安排、机制保障等提供了参考，为加快江苏省教育数字化转型、高标准建设教育强省提供了理论支持。

目 录

CONTENTS

1. 基础教育数字化发展情况

1.1 基础设施

此次调查，具体从无线网络、智能学习空间两个方面展开分析。

1.1.1 无线网络

截至2024年底，江苏省中小学校无线网络覆盖情况如图1-1所示。全省有99.98%的中小学校部署了无线网络，其中，44.42%的中小学校实现了校内无线网络全覆盖。

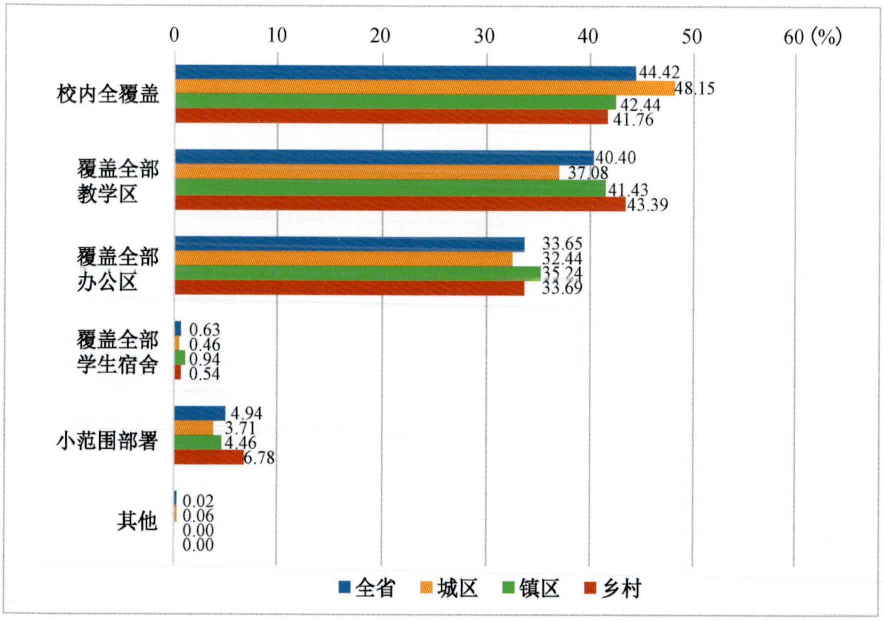

图1-1 学校无线网络覆盖情况

1.1.2 智能学习空间

截至 2024 年底，江苏省中小学校校均拥有智能学习空间数量为 2.08 间，具体情况如图 1-2 所示。其中，城区学校校均拥有智能学习空间数量最高，为 2.85 间；其次是镇区学校，校均拥有 1.94 间；乡村学校校均拥有智能学习空间数量最低，为 1.30 间。

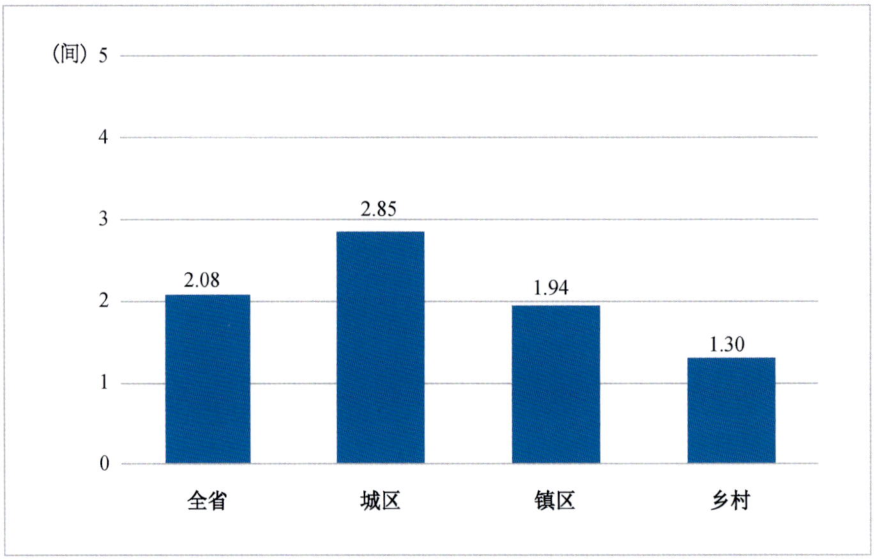

图 1-2　学校智能学习空间的数量

截至 2024 年底，江苏省中小学拥有不同形态的智能学习空间主要类型有智慧教室、创客实验室、智慧图书馆、机器人实验室、3D 打印室等，具体情况如图 1-3 所示。其中，54.18%的中小学建有智慧教室，但仍有 28.56%的中小学校尚未建任何智能学习空间。

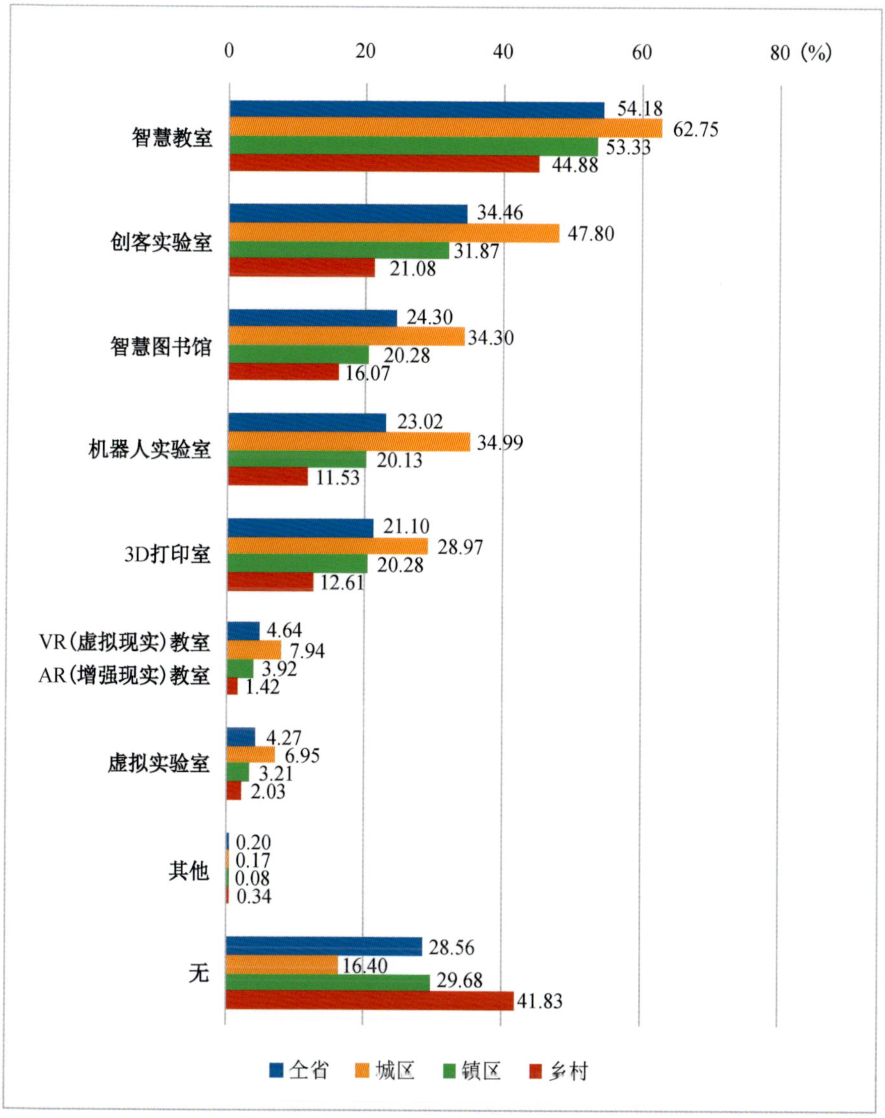

图 1-3　学校拥有不同形态的智能学习空间情况

1.2 教育资源

数字教育资源

截至 2024 年底，江苏省中小学教师获取数字教育资源的主要途径具体如图 1-4 所示。全省有 90.80%的教师获取在线开放、公开的数字资源；有 69.36%的教师使用学校购买、引进的数字资源；有 39.84%的教师使用学校自主研发的数字资源。

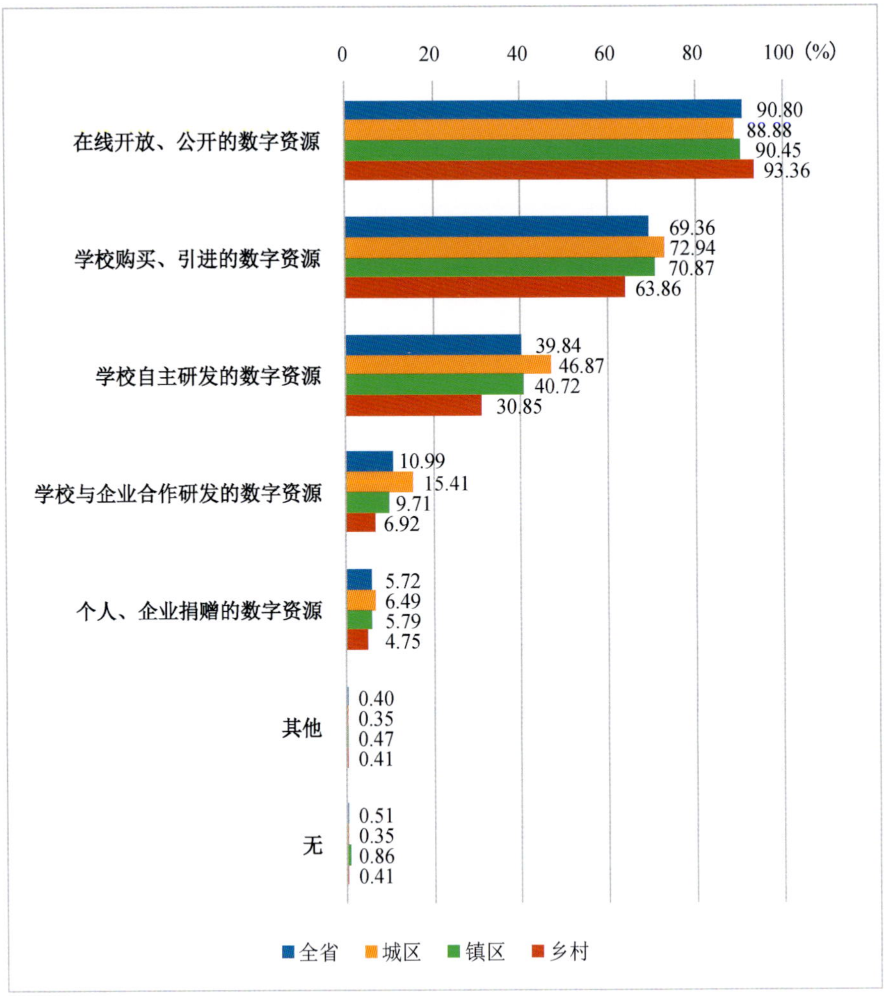

图1-4　教师获取数字教育资源的主要途径

1.3 教学应用

此次调查,具体从数字技术教学应用、教师数字化应用成果两个部分展开分析。

1.3.1 数字技术教学应用

截至2024年底,江苏省中小学校教师利用数字技术辅助课堂教学实现常态化应用的学科如图1-5所示。语文、数学、外语、信息科技、道德与法治和艺术这六门学科均有80%以上的学校实现了数字技术辅助课堂教学的常态化应用,但地理、历史、物理、生物和化学这五门学科仅有40%左右的学校实现了数字技术辅助课堂教学的常态化应用。

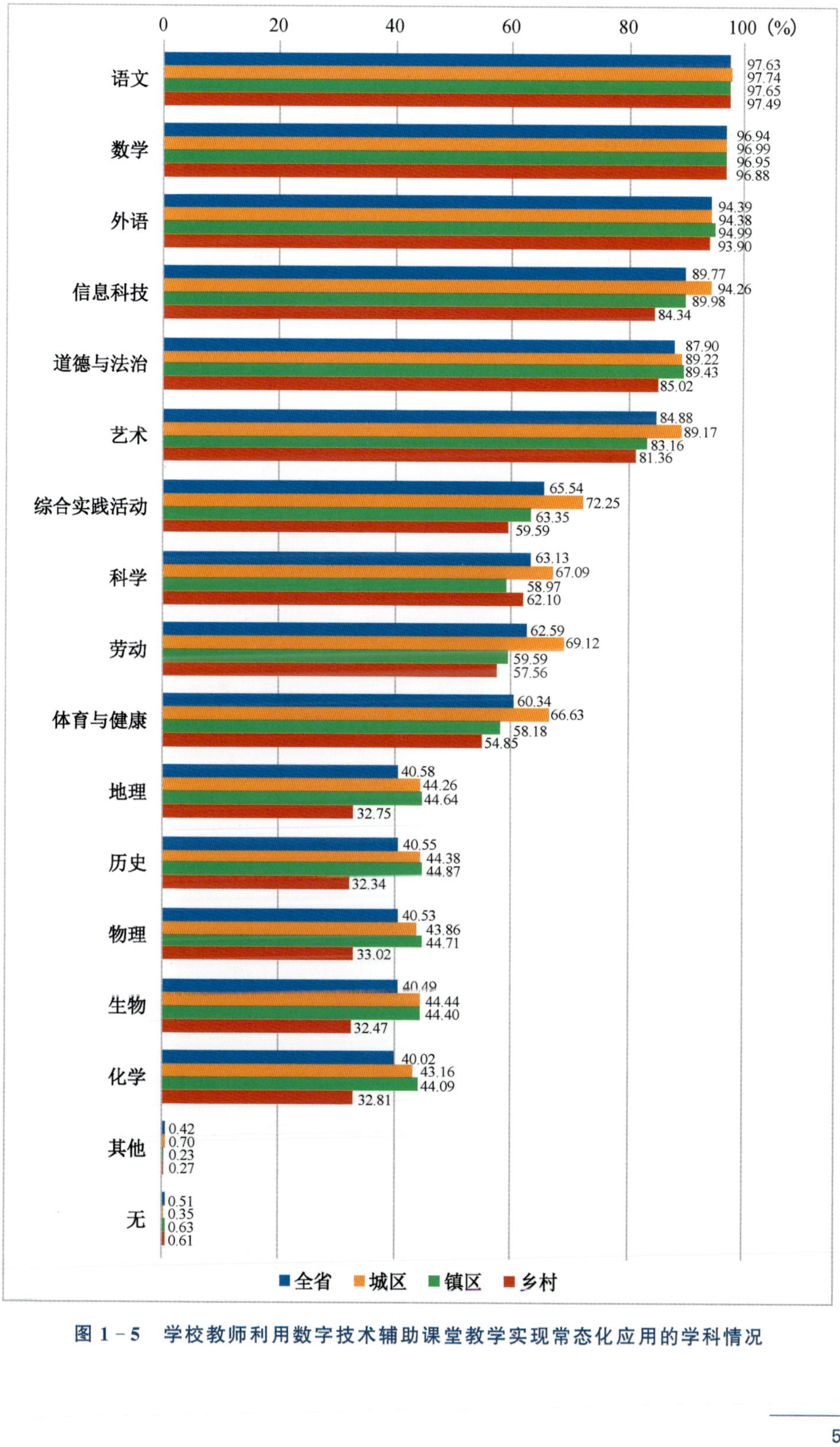

图 1－5　学校教师利用数字技术辅助课堂教学实现常态化应用的学科情况

截至2024年底，江苏省中小学校利用数字技术开展教学的学科教师占比为94.48%，如图1-6所示。其中，城区学校占比高于全省平均水平，为95.93%；其次是镇区学校和乡村学校占比接近，分别为93.74%和93.41%。

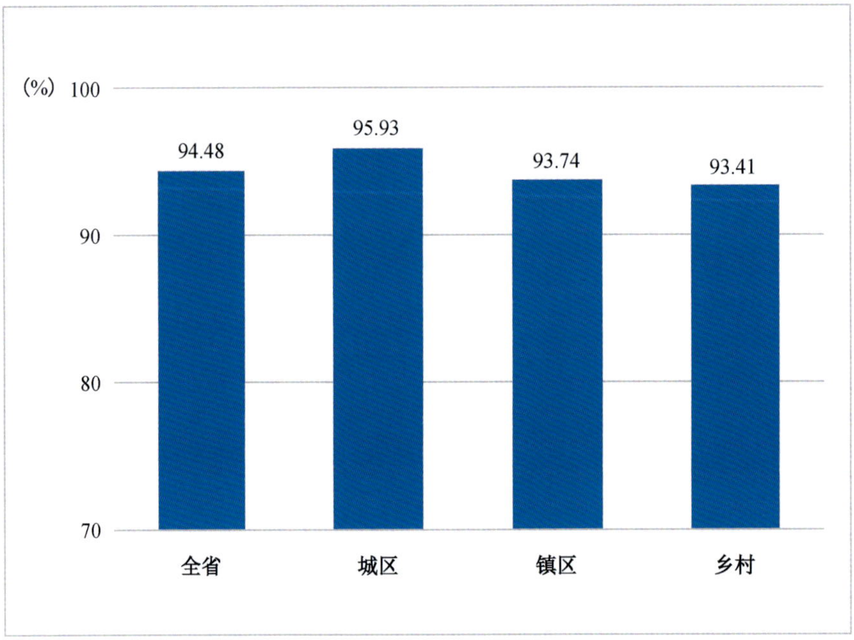

图1-6　利用数字技术开展教学的学科教师占比

截至2024年底，江苏省中小学校不同学科开展在线机考的情况如图1-7所示。信息科技、外语和艺术三门学科开展在线机考的比例位居前三，省均占比分别为59.74%、44.84%和28.43%。

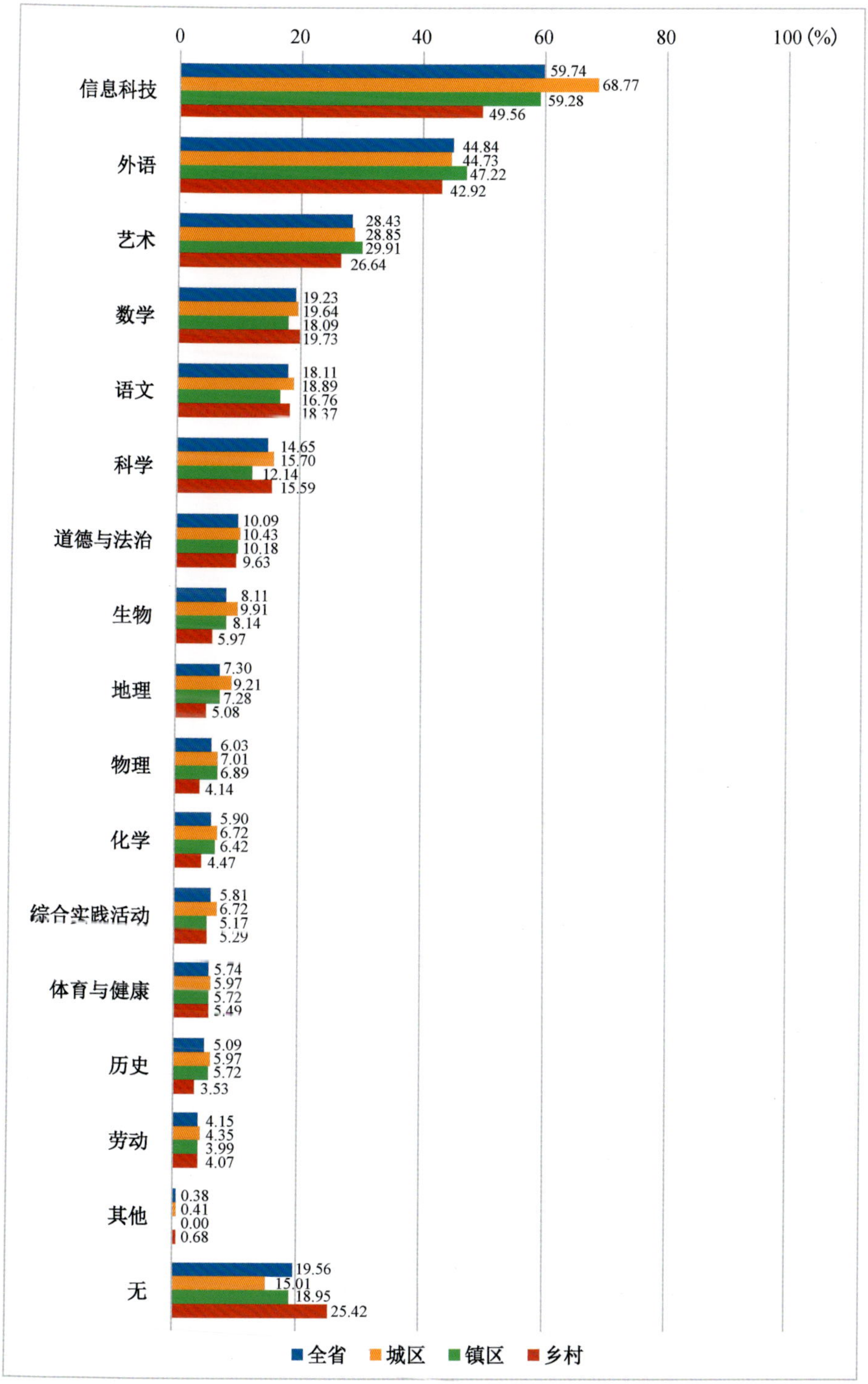

图 1－7　不同学科开展在线机考情况

1.3.2 教师数字化应用成果

截至 2024 年底，江苏省中小学校校均参加各级教师数字素养提升实践活动的教师为 22.28 人次，具体情况如图 1－8 所示。其中，城区学校教师最近一年参加各级教师数字素养提升实践活动的最多，校均为 25.04 人次；其次是镇区学校，校均为 23.49 人次；乡村学校教师参与人数最少，校均为 17.99 人次。

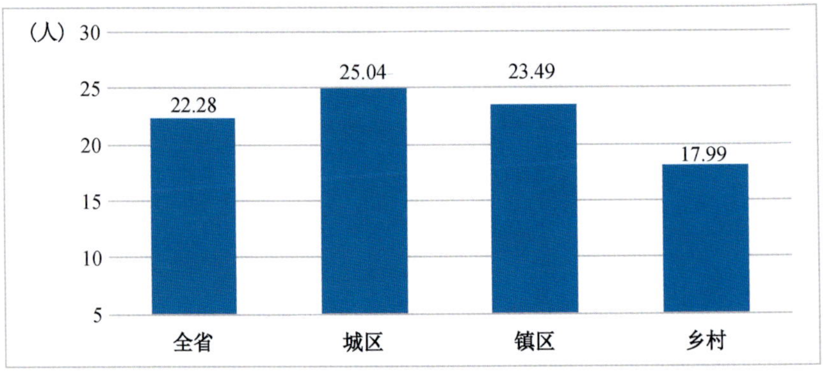

图 1－8　校均参加各级教师数字素养提升实践活动的教师数量

1.4 管理数字化

此次调查，具体从数字化管理系统、智能管理两部分展开分析。

1.4.1 数字化管理系统

截至 2024 年底，江苏省中小学校教学、管理类信息系统的主要部署方式如图 1－9 所示。全省有 68.40％的学校部署方式是区域统筹建设，有 34.84％的学校部署方式是学校自主建设和自主运营维护。

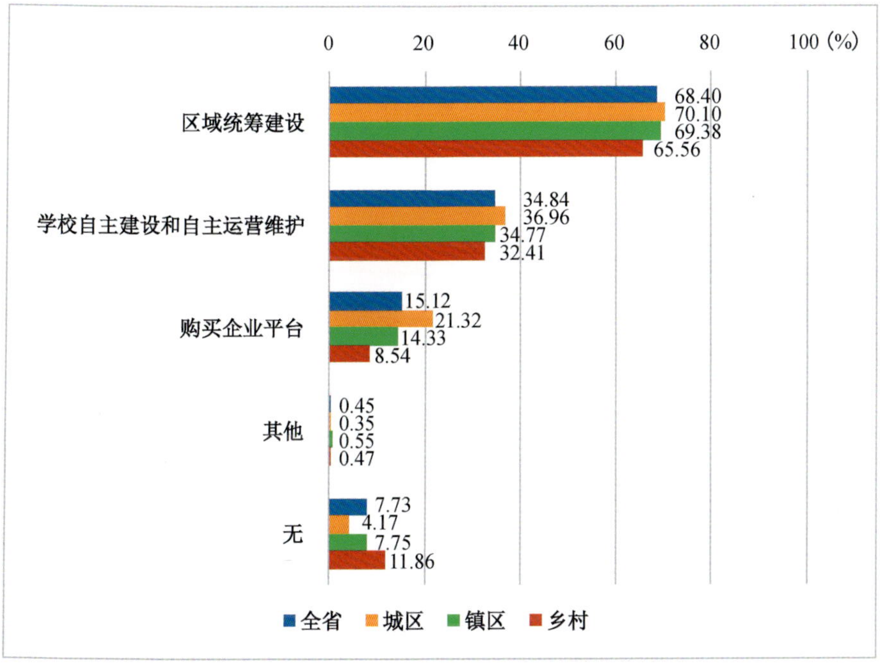

图 1-9　学校教学、管理类信息系统的主要部署方式

截至 2024 年底，江苏省中小学校常用管理信息系统间实现统一身份认证的占比为 67.08%，如图 1-10 所示。城区学校占比为 69.58%，乡村学校占比为 66.71%，镇区学校占比为 64.13%。

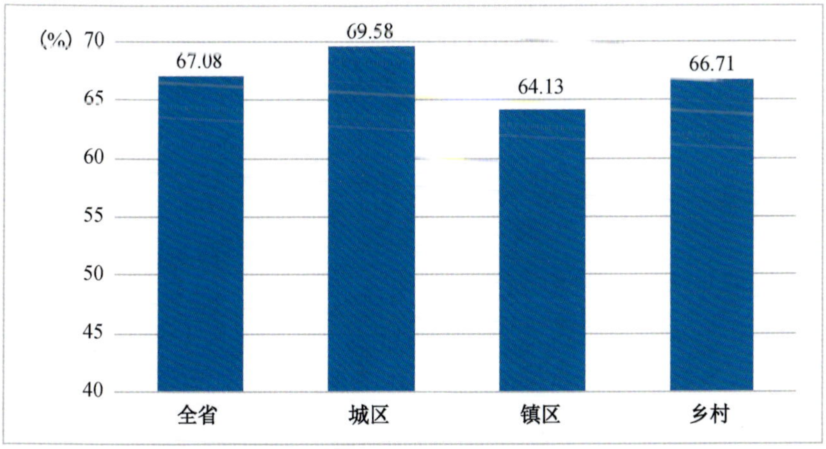

图 1-10　学校常用管理信息系统间实现统一身份认证的情况

截至 2024 年底，江苏省中小学校现有管理信息基础数据应用范畴情况如图 1－11 所示。全省有 69.25％的中小学校用于学生学情分析；有 50.96％的学校用于课堂教学分析；有 48.03％的学校用于教学评价。

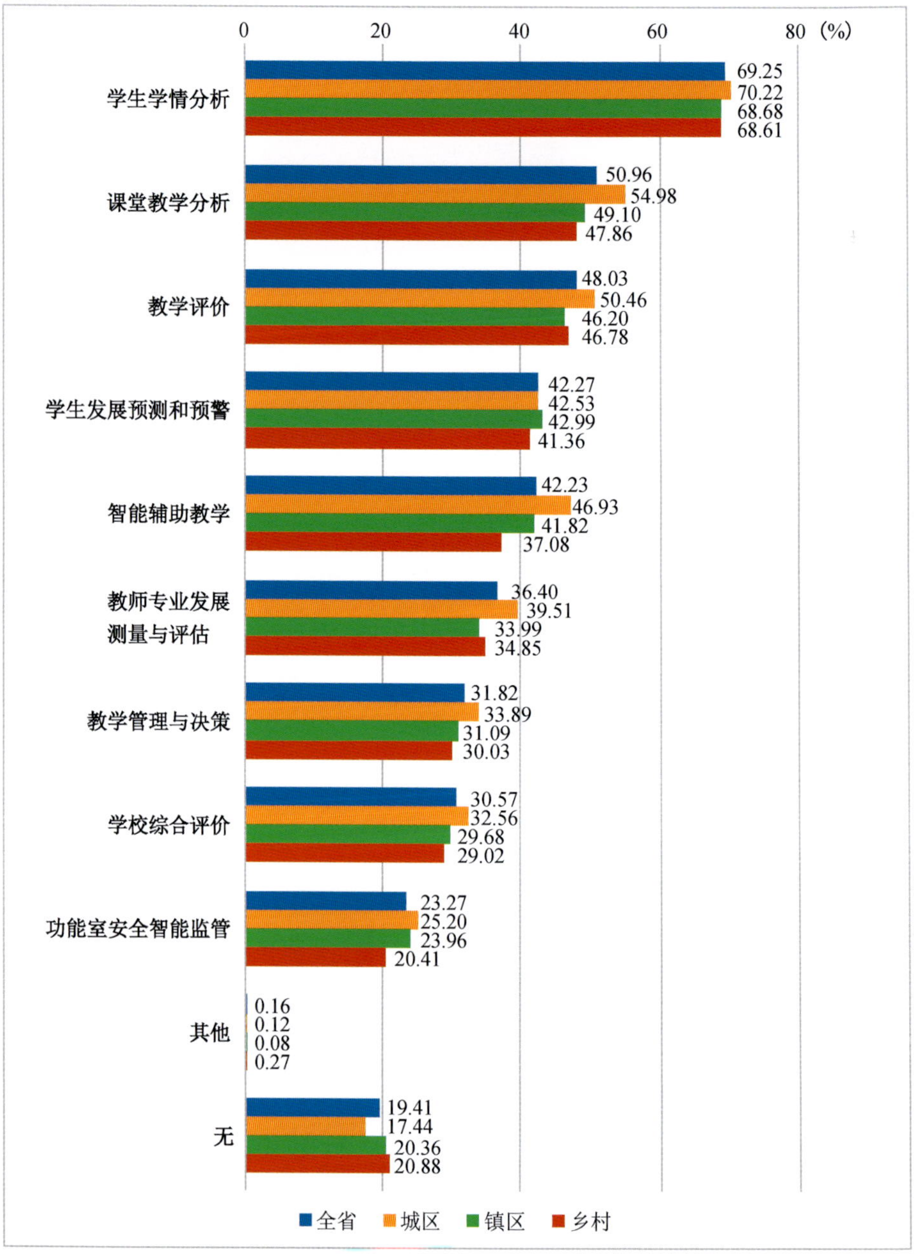

图 1－11　学校现有管理信息基础数据应用范畴

1.4.2 智能管理

截至 2024 年底，江苏省中小学校使用物联网技术及各类智能感知设备的应用场景情况如图 1－12 所示。全省学校用于基建安防的占比为 62.64%，用于学生行为记录的占比为 39.01%。

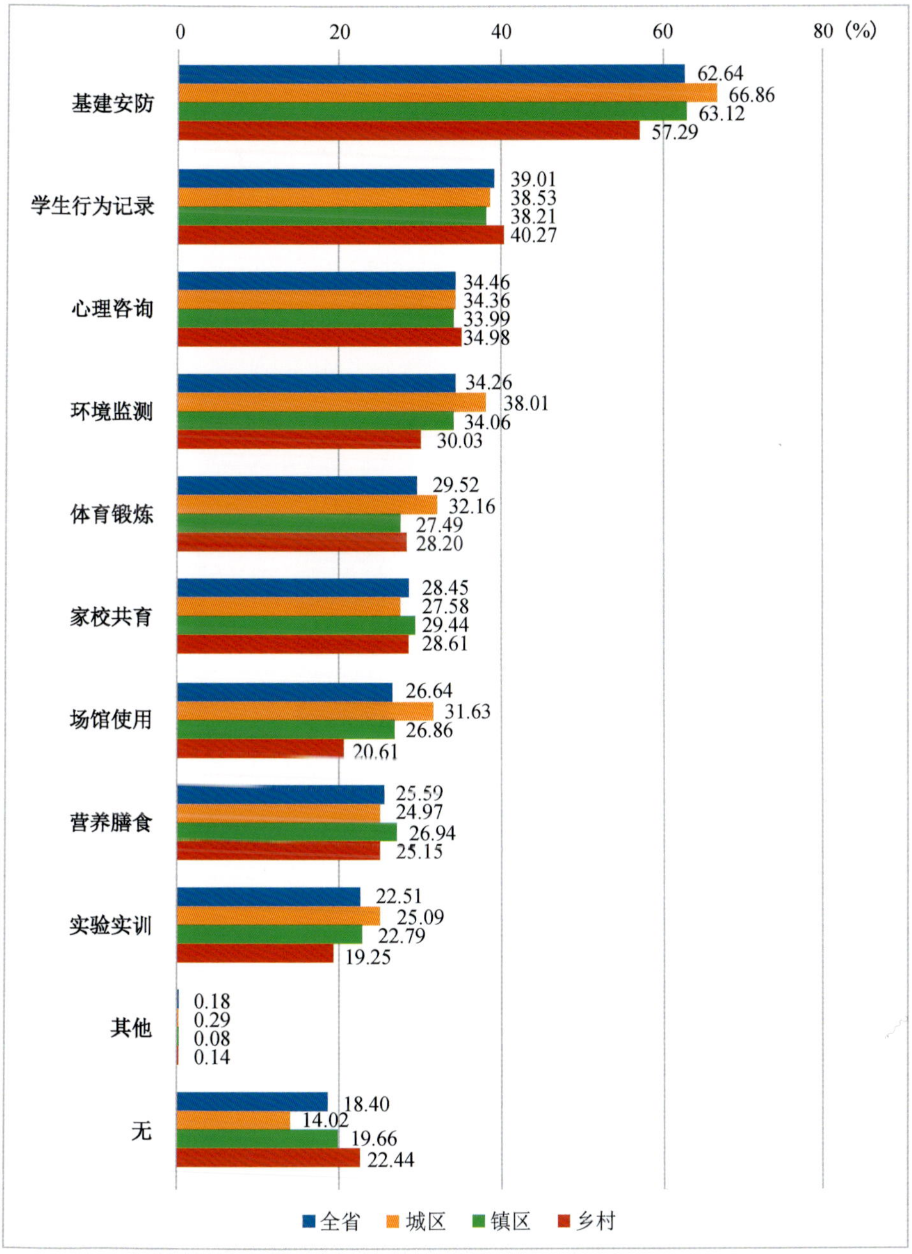

图 1 12 学校使用物联网技术及各类智能感知设备的应用场景

1.5 保障措施

此次调查，具体从数字化经费投入、数字化人员、数字化培训、数字化应用促进措施四个部分展开分析。

1.5.1 数字化经费投入

截至2024年底，江苏省中小学校教育数字化经费投入占学校同期教育总经费支出的平均比例为12.66%，如图1-13所示。其中，城区学校教育数字化经费占比为13.84%；镇区和乡村学校经费占比接近，分别为11.86%和11.96%。

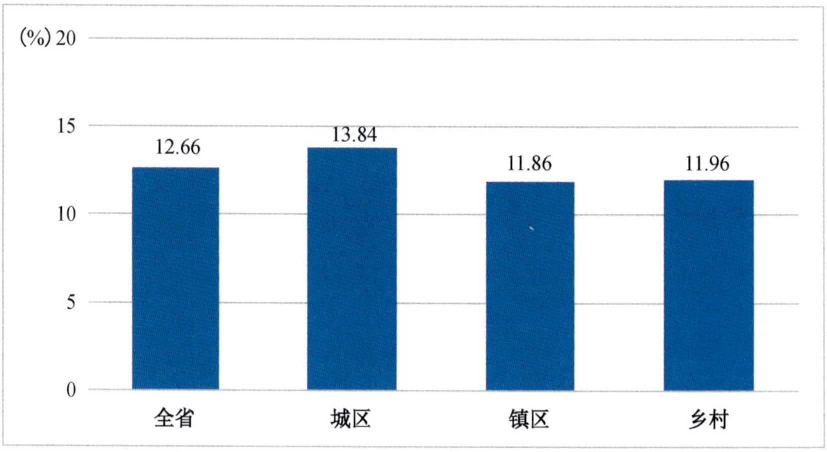

图1-13 学校教育数字化经费投入情况

截至2024年底，江苏省中小学校数字化经费的使用情况如图1-14所示。全省数字化经费投入中硬件经费(包括网络建设与设备购置)占比为37.41%；研究及其他费用占比仅为4.89%。

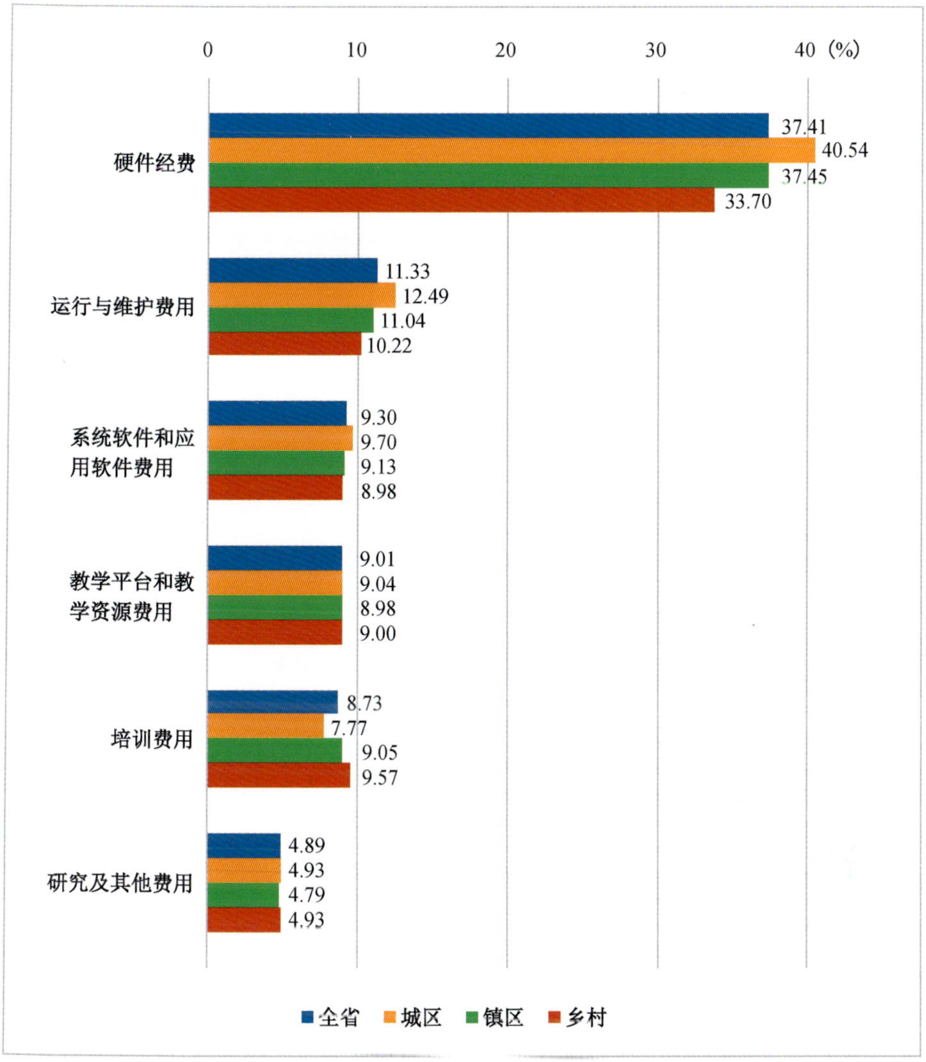

图 1-14　数字化经费的使用情况

1.5.2 数字化人员

截至 2024 年底，江苏省中小学校校均信息技术课程教师人数为 4.67 人，如图 1-15 所示。其中，城区学校校均信息技术课程教师人数为 5.87 人，镇区学校校均为 4.86 人，乡村学校校均为 3.08 人。

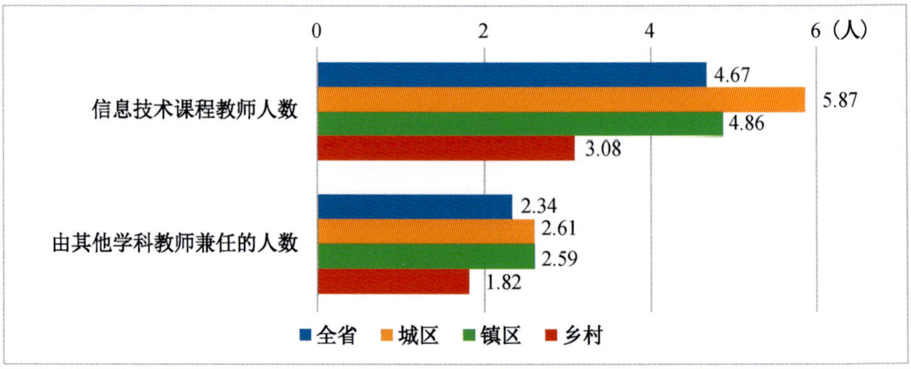

图 1-15　学校校均信息技术课程教师人数

1.5.3 数字化培训

2024 年，江苏省中小学校级领导参加数字化培训情况如图 1-16 所示。全省有 69.05%学校的校级领导参加了区县级数字化培训，仅 25.75%学校的校级领导参加了国家级数字化培训。

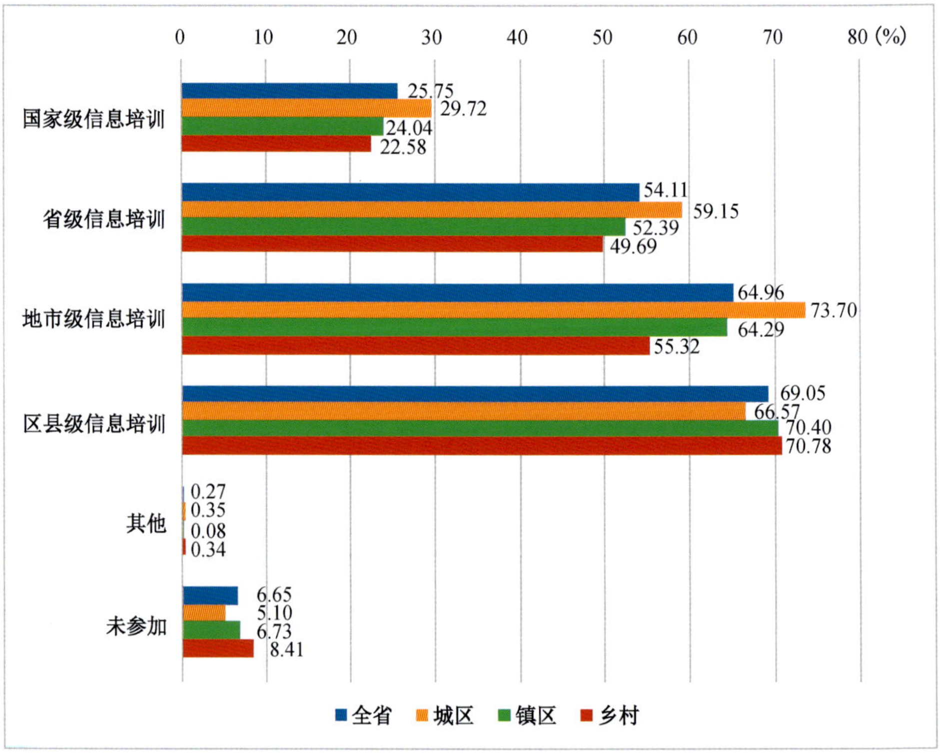

图 1-16　校级领导参加数字化相关培训的情况

2024年，江苏省中小学校领导参加各级数字化培训的次数平均为7.24人次，如图1-17所示。城区学校参与人数平均为7.65人次，镇区学校参与人数平均为7.16人次，乡村学校参与人数平均为6.83人次。

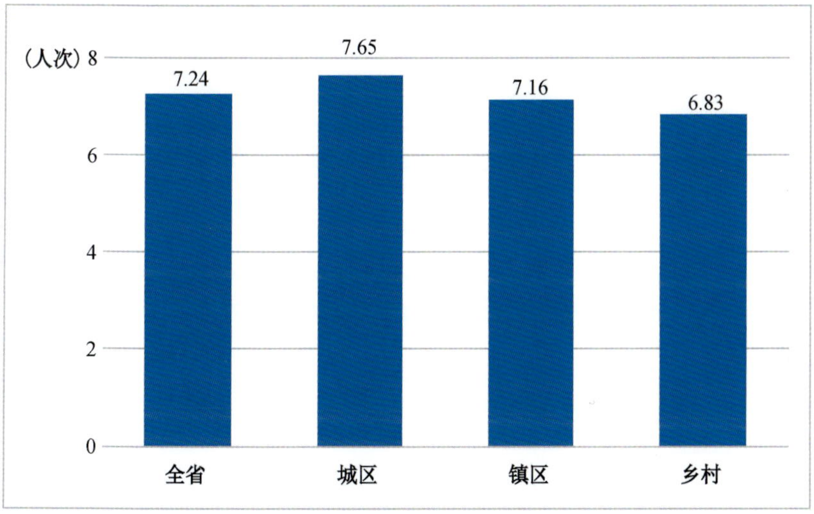

图1-17　学校领导参加各级数字化培训的校均人次

2024年，江苏省中小学校参加区县级(含)以上教育数字化专项培训的教师比例为60.88%，如图1-18所示。其中，城区学校占比为66.86%，镇区学校占比为58.73%，乡村学校占比为55.73%。

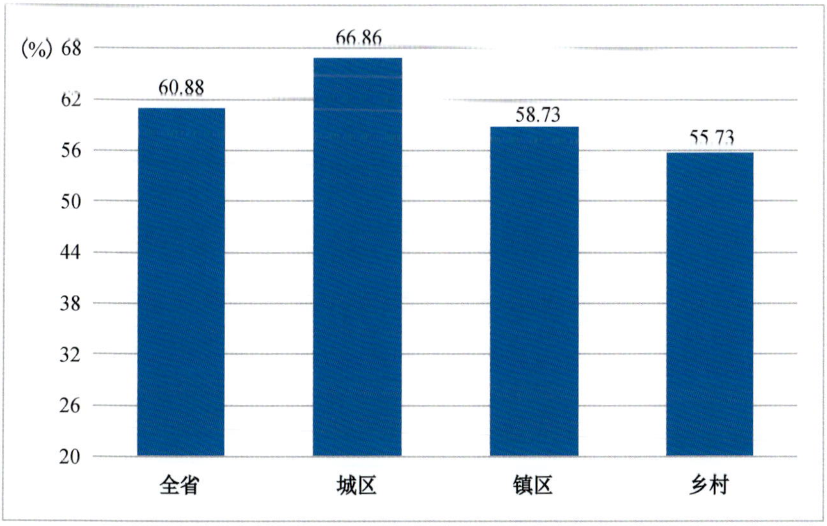

图1-18　学校参加教育数字化专项培训的教师比例情况

1.5.4 数字化应用促进措施

2024 年，江苏省中小学校采取不同措施促进数字技术在教育教学中常态应用的情况如图 1-19 所示。全省有 79.83%的学校开展了教师数字技术应用能力培训，60.88%的学校开展了数字化教学校本研修，56.59%的学校建立教师数字技术应用能力达标标准。

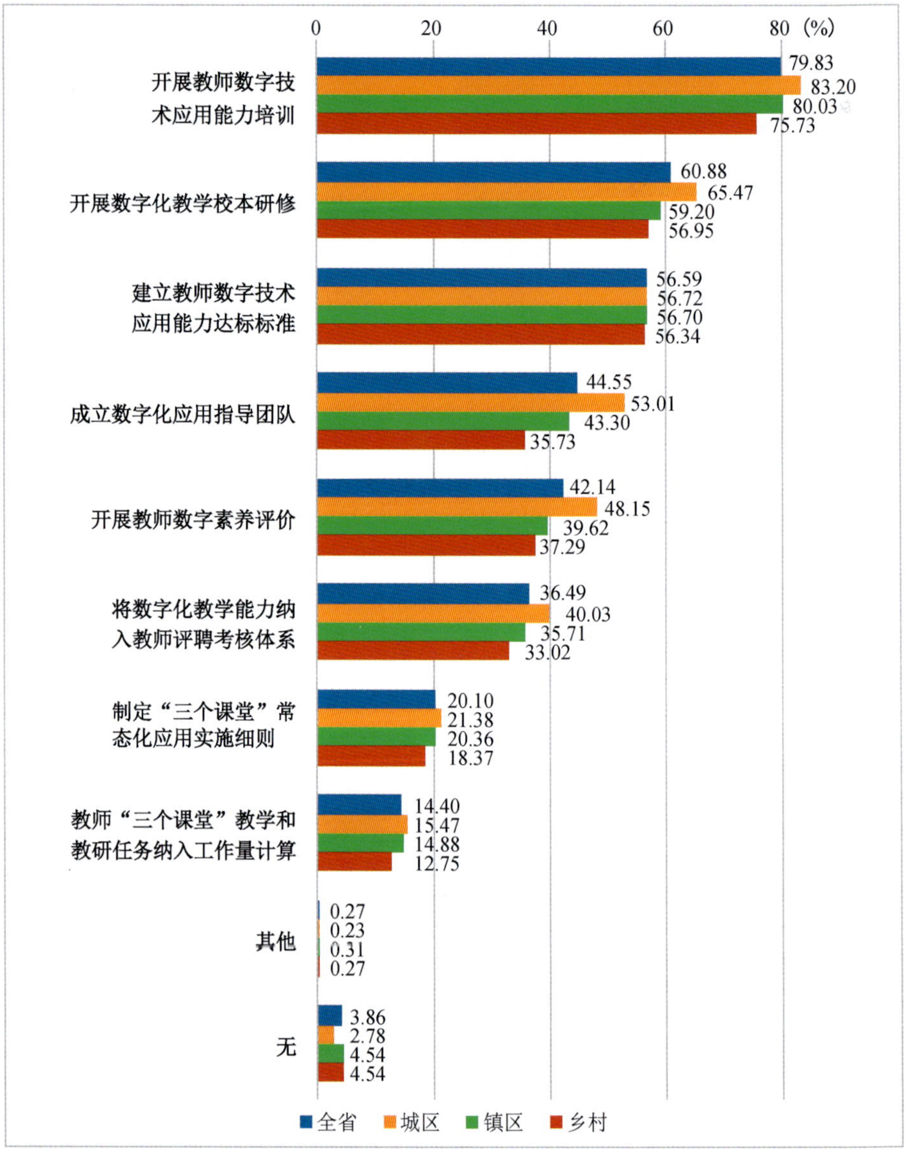

图 1-19　采取不同措施促进数字技术应用在教育教学中常态应用的学校比例

1.6 设区市基础教育数字化综合指数对比

本次调研范围覆盖江苏省13个设区市，针对调研结果，报告采用聚类分析的方法，将每个一级指标的指数得分分为四类，并用四种不同的颜色进行标注，处于同一类的设区市，表示它们在该类指标之间的发展水平没有显著差异。江苏省基础教育数字化发展指数聚类结果如表1-1所示。

表1-1　江苏省教育数字化发展指数聚类结果

设区市	综合指数	基础设施	教育资源	教学应用	管理数字化	保障机制
南京市	58.74	60.53	70.77	52.37	51.78	50.65
无锡市	58.33	59.15	68.19	50.76	51.12	55.45
扬州市	58.24	53.00	65.28	53.86	52.67	56.96
镇江市	58.24	53.79	67.47	52.06	51.81	55.62
苏州市	57.65	58.37	68.31	51.65	50.07	52.28
连云港市	57.45	54.20	68.30	51.79	51.02	51.36
常州市	56.15	52.51	67.42	46.20	50.95	52.42
泰州市	55.43	53.08	64.31	50.37	50.51	50.46
南通市	54.23	51.28	63.78	47.17	49.83	49.72
盐城市	53.81	52.89	64.08	50.03	46.05	47.52
淮安市	52.78	51.50	60.34	50.12	48.03	47.32
徐州市	52.24	56.34	60.77	48.30	49.83	42.99
宿迁市	41.26	39.56	35.65	45.97	45.21	42.94
全省均值	54.97	53.55	63.44	50.05	49.91	50.44

备注：	第一类	第二类	第三类	第四类

在综合指数方面，南京、无锡、扬州、镇江四个设区市属于第一类发展水平，苏州、连云港两个设区市属于第二类发展水平，常州、泰州、南通、盐城四个设区市属于第三类发展水平，淮安、徐州、宿迁三个设区市属于第四类发展水平。

具体从五个维度看，在基础设施方面，南京市属于第一类发展水平；在教育资源方面，南京市属于第一类发展水平；在教学应用方面，扬州、南京、镇江、连云港苏州五个设区市属于第一类发展水平；在管理数字化方面，扬州、镇江、南京三个设区市属于第一类发展水平；在保障措施方面，扬州、镇江、无锡三个设区市属于第一类发展水平。

基于综合指数法测算结果，江苏省各设区市教育数字化发展综合指数如图 1－20 所示。

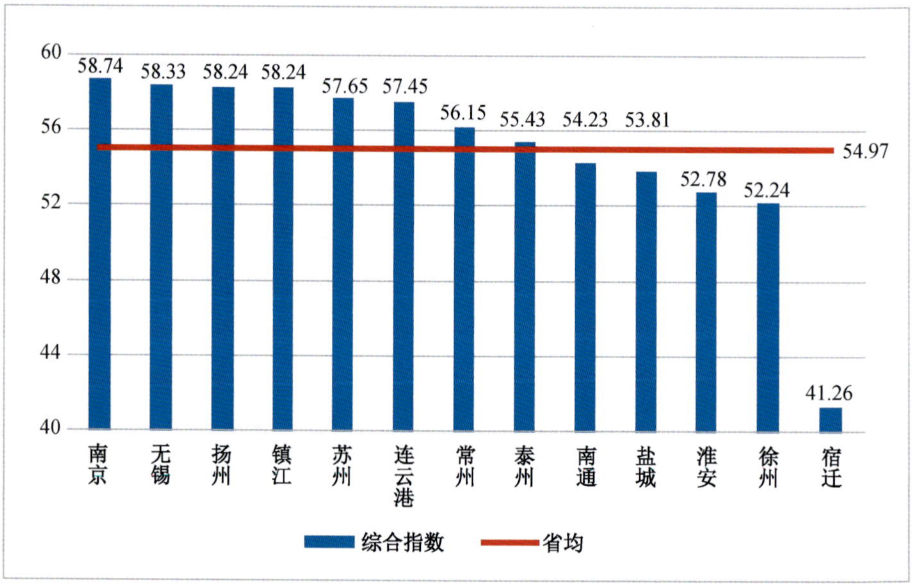

图 1－20　各设区市教育数字化发展综合指数

1.6.1 基础设施维度发展指数

江苏省各设区市基础设施发展指数情况如图 1－21 所示。

表 1－2　基础设施维度指标发展指数

设区市	基础设施	每百名学生拥有学习用终端数量	每名教师拥有教学用终端数量	千兆以上带宽的学校比例	建有无线网络的学校比例	建有智能学习空间的学校比例	智慧校园达标率	智慧教育样板区建设入选率
南京市	60.53	14.61	1.37	0.97	0.99	0.86	0.99	1.00
无锡市	59.15	13.20	1.23	1.00	0.97	0.84	0.85	1.00
苏州市	58.37	12.54	1.23	0.88	0.91	0.83	0.88	1.00
徐州市	56.34	13.45	1.12	0.99	0.89	0.53	0.91	1.00
连云港市	54.20	17.00	1.36	1.00	1.00	0.75	0.98	0.67
镇江市	53.79	15.10	1.28	1.00	0.99	0.80	0.91	0.67
泰州市	53.08	16.98	1.27	1.00	0.92	0.71	0.88	0.67
扬州市	53.00	12.58	1.20	0.99	0.97	0.82	0.90	0.67
盐城市	52.89	15.77	1.16	0.97	0.93	0.71	0.92	0.67
常州市	52.51	12.76	1.01	0.97	0.96	0.75	0.92	0.67
淮安市	51.50	14.75	1.13	0.89	0.92	0.68	0.85	0.67
南通市	51.28	14.15	1.18	0.95	0.96	0.60	0.92	0.67
宿迁市	39.56	9.84	1.01	0.66	0.75	0.52	0.69	0.67
全省均值	53.55	13.79	1.20	0.95	0.93	0.71	0.89	0.77

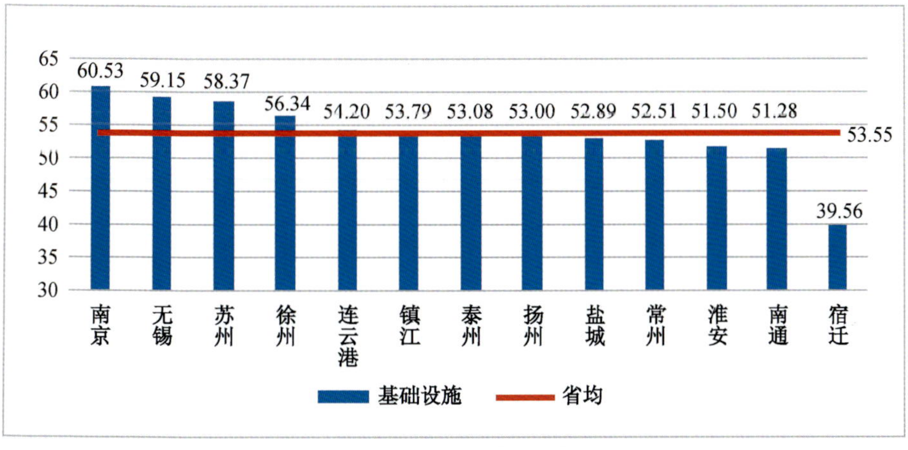

图 1－21　各设区市基础设施维度发展指数

1.6.2 教育资源维度发展指数

江苏省各设区市教育资源发展指数情况如图 1－22 所示。

表 1－3 教育资源维度指标发展指数

设区市	教育资源	学校自主/与企业合作研发数字教育资源的学校比例	拥有校本资源库的学校比例	开通网络空间的教师比例	开通网络空间的学生比例	开设有人工智能课程的学校比例	网络名师工作室综合得分	名师空中课堂综合得分
南京市	70.77	0.57	0.94	0.98	0.98	0.32	0.75	0.85
苏州市	68.31	0.49	0.87	0.95	0.94	0.40	0.94	0.66
连云港市	68.30	0.56	0.99	0.99	0.99	0.37	0.89	0.60
无锡市	68.19	0.57	0.99	0.97	0.95	0.34	0.72	0.69
镇江市	67.47	0.69	1.00	0.99	0.99	0.22	0.83	0.63
常州市	67.42	0.53	0.93	0.96	0.95	0.26	0.76	0.74
扬州市	65.28	0.64	0.96	0.95	0.83	0.30	0.88	0.61
泰州市	64.31	0.43	0.91	0.99	0.98	0.18	0.88	0.62
盐城市	64.08	0.35	0.95	0.99	0.98	0.14	0.75	0.75
南通市	63.78	0.47	0.92	0.95	0.92	0.19	0.77	0.65
徐州市	60.77	0.27	0.90	0.95	0.93	0.11	0.70	0.70
淮安市	60.34	0.40	0.89	0.89	0.82	0.14	0.81	0.65
宿迁市	35.65	0.27	0.69	0.76	0.72	0.08	0.72	1.00
全省均值	63.44	0.46	0.92	0.95	0.92	0.24	0.80	0.71

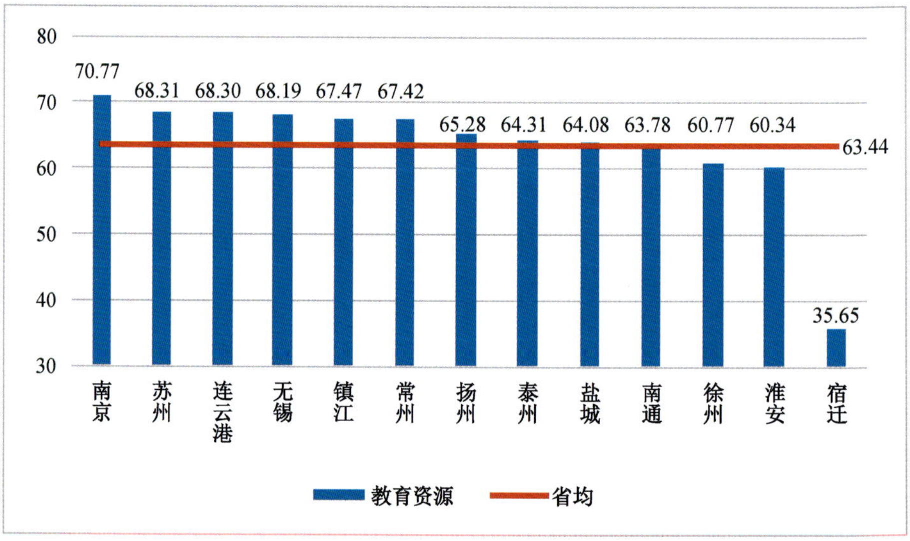

图 1－22 各设区市教育资源维度发展指数

1.6.3 教学应用维度发展指数

江苏省各设区市教学应用发展指数情况，如图 1－23 所示。

表 1－4　教学应用维度指标发展指数

设区市	教学应用	主干学科课堂教学实现信息技术常态化应用的学校比例	近一年组织开展在线考试的学校比例	学校能够利用数字技术开展教学的学科教师比	应用空间开展教学的教师比例	应用空间开展网络教研的教师比例	以区域及以上教育资源平台作为获取数字教育资源的教师比例	在课堂教学环节经常使用专用学科教学软件的教师比例	经常使用市级及以上智慧教育平台资源的教师比例	城乡结对互动课堂接入省平台情况	教育信息化应用能力大赛积分	教育信息化优秀论文量
扬州市	53.86	0.95	0.89	0.97	0.91	0.93	0.83	0.56	0.51	0.96	0.85	0.80
南京市	52.37	0.92	0.86	0.95	0.96	0.96	0.72	0.44	0.25	1.00	1.00	0.97
镇江市	52.06	0.96	0.92	0.99	0.98	0.98	0.80	0.55	0.45	1.00	0.71	0.85
连云港市	51.79	0.91	0.85	0.94	0.99	0.99	0.86	0.46	0.46	0.97	0.83	0.76
苏州市	51.65	0.93	0.81	0.97	0.90	0.91	0.77	0.43	0.30	0.51	0.99	0.83
无锡市	50.76	0.94	0.84	0.98	0.90	0.93	0.79	0.47	0.35	1.00	0.87	0.76
泰州市	50.37	0.94	0.84	0.94	0.94	0.95	0.80	0.43	0.36	1.00	0.77	0.85
淮安市	50.12	0.95	0.79	0.92	0.82	0.83	0.80	0.37	0.29	0.75	0.75	1.00
盐城市	50.03	0.93	0.79	0.93	0.99	0.99	0.82	0.40	0.36	100	0.72	0.90
徐州市	48.30	0.90	0.68	0.91	0.89	0.89	0.84	0.37	0.36	1.00	0.74	0.78
南通市	47.17	0.93	0.86	0.96	0.90	0.90	0.79	0.42	0.35	1.00	0.75	0.60
常州市	46.20	0.91	0.82	0.98	0.90	0.91	0.78	0.45	0.26	1.00	0.67	0.70
宿迁市	45.97	0.92	0.72	0.88	0.58	0.62	0.82	0.35	0.27	0.56	0.60	0.85
全省均值	50.05	0.93	0.80	0.95	0.90	0.90	0.80	0.43	0.34	0.91	0.79	0.82

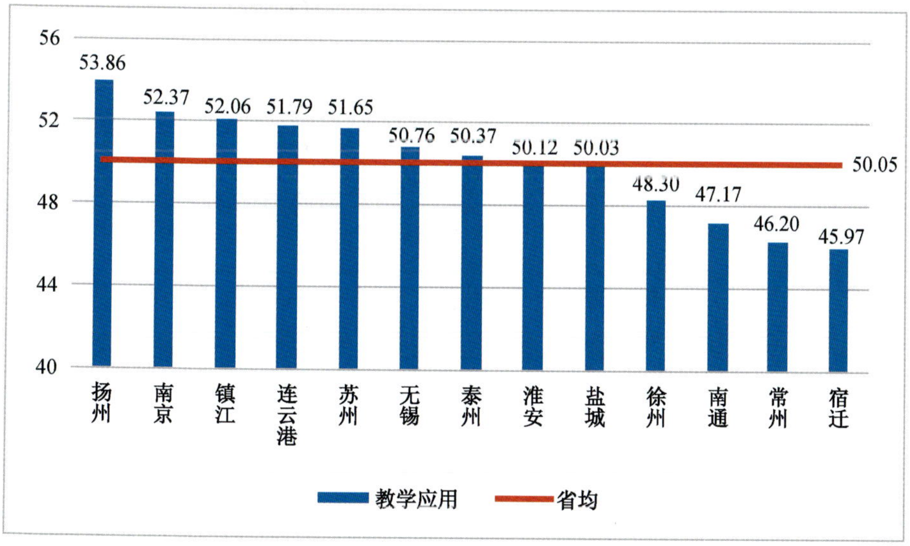

图 1－23　各设区市教学应用维度发展指数

1.6.4 管理数字化维度发展指数

江苏省各设区市管理数字化发展指数情况如图 1 - 24 所示。

表 1 - 5 管理数字化维度指标发展指数

设区市	管理数字化	管理覆盖资产总务师生的学校比例	学生体质健康信息实现数字化管理的学校比例	常用管理信息系统间实现统一身份认证的学校比例	开展教师和学生伴随式数据采集的学校比例	使用物联网技术及各类智能感知设备的学校比例	网络安全管理防护能力
扬州市	52.67	0.99	0.90	0.76	0.87	0.90	0.99
镇江市	51.81	1.00	0.92	0.77	0.73	0.83	0.98
南京市	51.78	1.00	0.93	0.86	0.82	0.84	0.91
无锡市	51.12	0.99	0.96	0.68	0.83	0.87	0.93
连云港市	51.02	0.99	0.91	0.74	0.87	0.88	0.90
常州市	50.95	0.99	0.87	0.66	0.75	0.82	1.00
泰州市	50.51	0.99	0.89	0.63	0.82	0.86	0.95
苏州市	50.07	0.99	0.71	0.70	0.79	0.82	0.99
徐州市	49.83	1.00	0.91	0.68	0.81	0.76	0.90
南通市	49.83	0.99	0.93	0.58	0.74	0.82	0.95
淮安市	48.03	0.99	0.90	0.55	0.74	0.76	0.87
盐城市	46.05	0.97	0.67	0.50	0.75	0.79	0.88
宿迁市	45.21	0.99	0.88	0.50	0.68	0.71	0.77
全省均值	49.91	0.99	0.87	0.67	0.79	0.82	0.92

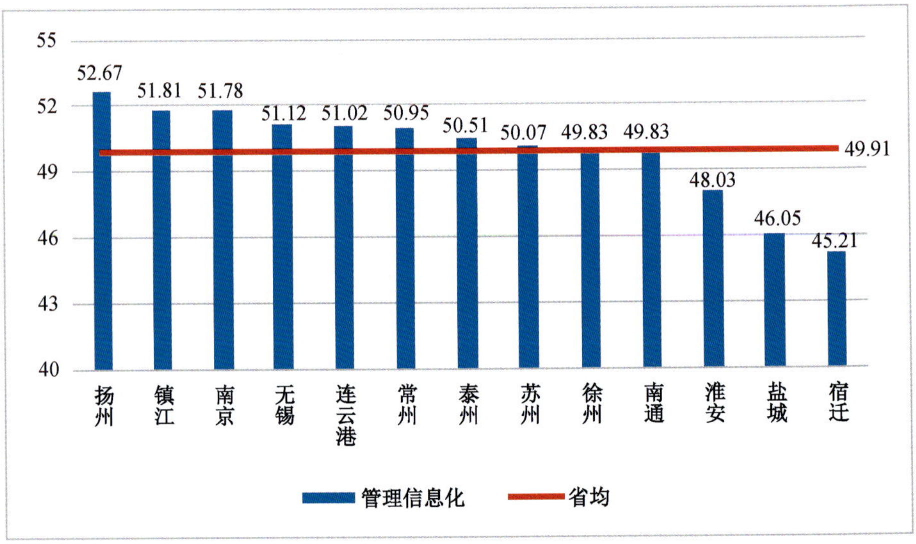

图 1 - 24 各设区市管理数字化维度发展指数

1.6.5 保障机制维度发展指数

江苏省各设区市保障机制发展指数情况如图 1－25 所示。

表 1－6 保障机制维度指标发展指数

设区市	保障机制	近一年校领导参加数字化相关培训的学校比例	最近一年参加区县级及以上教育数字化专项培训的教师比例	构建教师教学信息技术常态化应用推进机制的学校比例	建有系统运维管理制度的学校比例	校级领导主管学校信息化的学校比例	校均专职信息化工作人员数量	校均信息科技课程专职教师比例	参加区县级及以上信息素养提升实践活动的教师人次
扬州市	56.96	0.77	0.80	0.98	0.99	0.96	2.44	0.66	0.23
镇江市	55.62	0.65	0.74	0.98	1.00	0.95	2.69	0.76	0.25
无锡市	55.45	0.61	0.76	1.00	1.00	0.99	3.22	0.78	0.24
常州市	52.42	0.60	0.67	0.99	0.98	0.95	2.10	0.68	0.21
苏州市	52.28	0.51	0.68	0.98	0.99	0.96	3.31	0.79	0.22
连云港市	51.36	0.73	0.65	0.96	0.98	0.85	2.09	0.48	0.23
南京市	50.65	0.44	0.61	0.98	0.99	0.95	2.56	0.82	0.27
泰州市	50.46	0.59	0.64	0.96	0.98	0.91	2.39	0.57	0.25
南通市	49.72	0.55	0.64	0.97	0.99	0.91	1.96	0.60	0.20
盐城市	47.52	0.51	0.51	0.94	0.99	0.96	2.38	0.59	0.23
淮安市	47.32	0.52	0.53	0.93	1.00	0.90	2.66	0.55	0.24
徐州市	42.99	0.52	0.47	0.94	0.97	0.78	1.98	0.40	0.18
宿迁市	42.94	0.52	0.38	0.91	0.97	0.92	2.77	0.42	0.20
全省均值	50.44	0.56	0.61	0.96	0.98	0.91	2.47	0.62	0.22

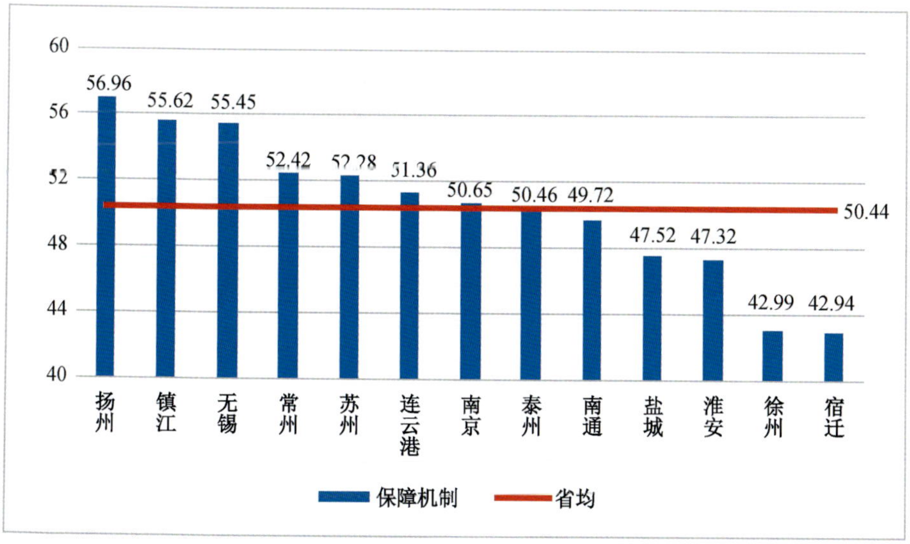

图 1－25 各设区市保障机制维度发展指数

1.7 教育数字化年度对比

1.7.1 基础设施年度对比

近 9 年，江苏省中小学校每百名学生拥有学习用终端数量情况以及每名教师拥有教学用终端数量，如图 1－26 所示。2016—2024 年，每百名学生拥有学习用终端数量总体呈现上升趋势，教师拥有教学用终端数量变化趋势较为平缓。

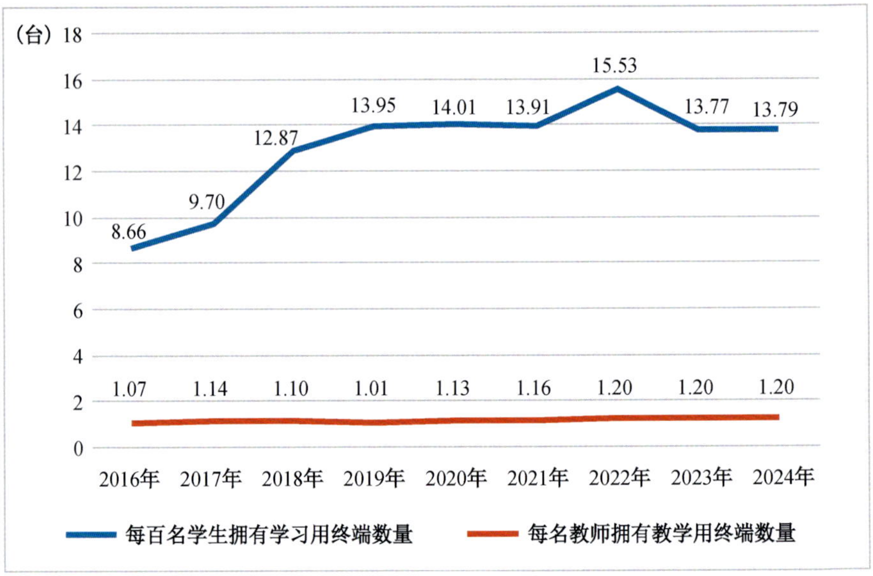

图 1－26　学生、教师终端数量年度对比

近 9 年，江苏省中小学校网络情况对比分为出口带宽、无线网络学校数量两类，具体情况如图 1－27 所示。从出口带宽来看，出口带宽超千兆的学校比呈大幅上升趋势；从无线网络覆盖情况看，2017—2019 年，建有无线网络的学校数量急速上升，后上升速度放缓，到 2024 年全省近 93％的中小学校建有无线网络。

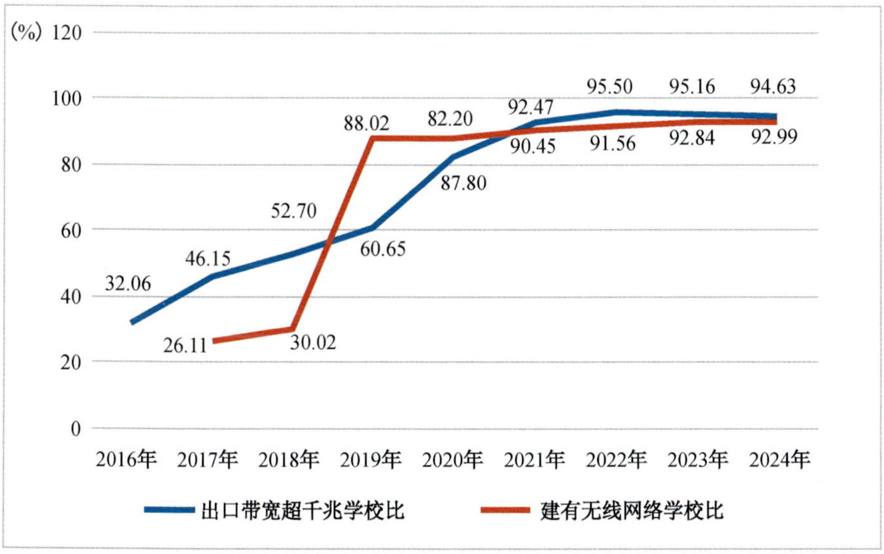

图 1-27　出口带宽、无线网络情况年度对比

江苏省中小学校建有智慧教室、创客实验室等各类智能学习空间对比情况，如图 1-28 所示。建有智能学习空间的学校比例从 2017 年的 43.89%一度跃升至 2022 年的 83.01%，2022 年至今略有下降，但占比仍超 70%。

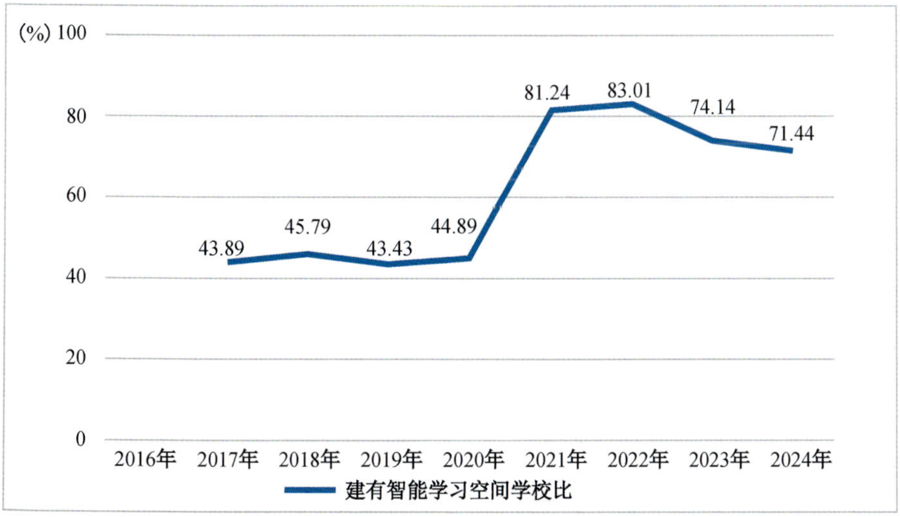

图 1-28　建有学校智能学习空间年度对比

1.7.2 教育资源年度对比

近 9 年来，江苏省拥有校本资源库的学校比例对比情况，如图 1－29 所示。2016—2024 年，拥有校本资源库的学校比例从 52.76％增加到 91.52％。

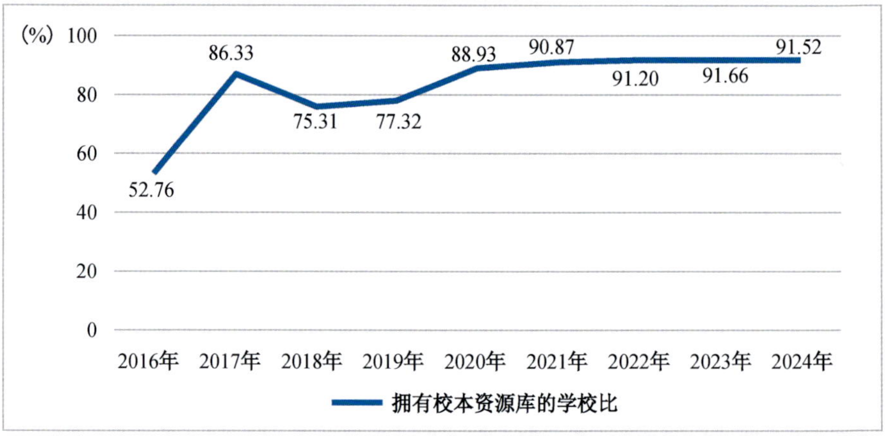

图 1－29　拥有校本资源库情况年度对比

近 9 年，江苏省中小学校开通网络空间的教师比例和学生比例对比情况，如图 1－30 所示。教师和学生网络空间开通率均呈现上升趋势，至 2024 年分别达到了 94.68％和 92.24％。

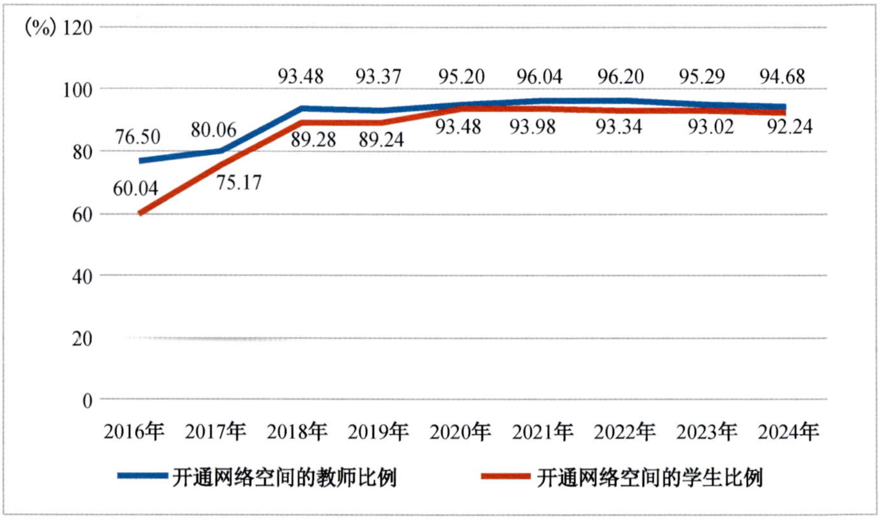

图 1－30　教师和学生网络空间开通率年度对比

江苏省中小学校数字资源来源方式对比情况，如图 1－31 所示。以自主/企业合作研发数字资源的学校比例为例，该比例 2019 年为 38.62％，2020 年经历了明显的波动，下降至 18.97％，此后逐年上涨，涨至 2022 年的最高值 58.37％，2024 年又略微下降至 45.87％。

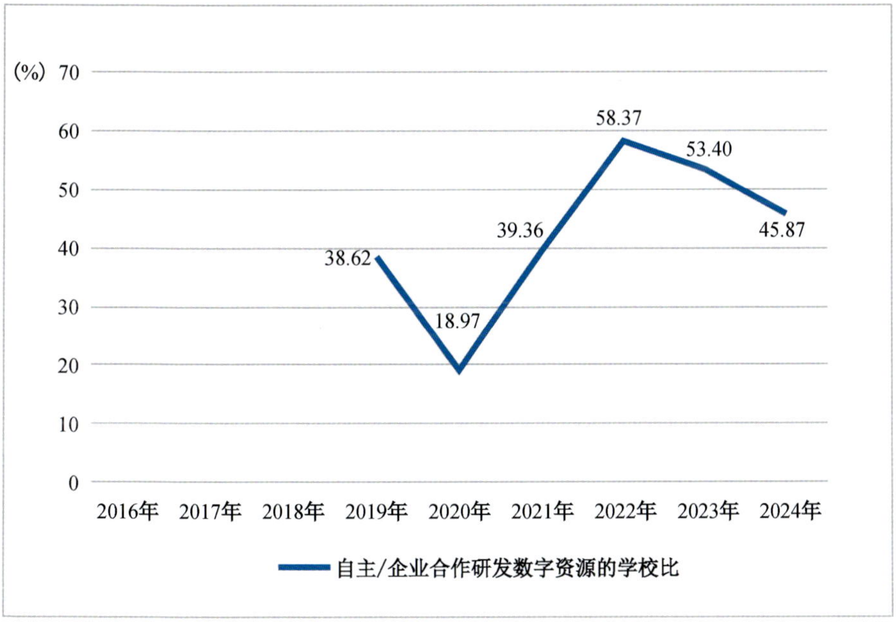

图 1－31　数字资源来源情况年度对比

1.7.3 教学应用年度对比

近 9 年，江苏省中小学校主干学科课堂教学实现信息技术常态化应用的学校比例对比情况，如图 1－32 所示。主干学科课堂教学中信息技术常态化应用的学校比例从 2016 年的 52.49％，至 2018 年达到最高点 98.15％，随后小幅下降并趋于平稳。

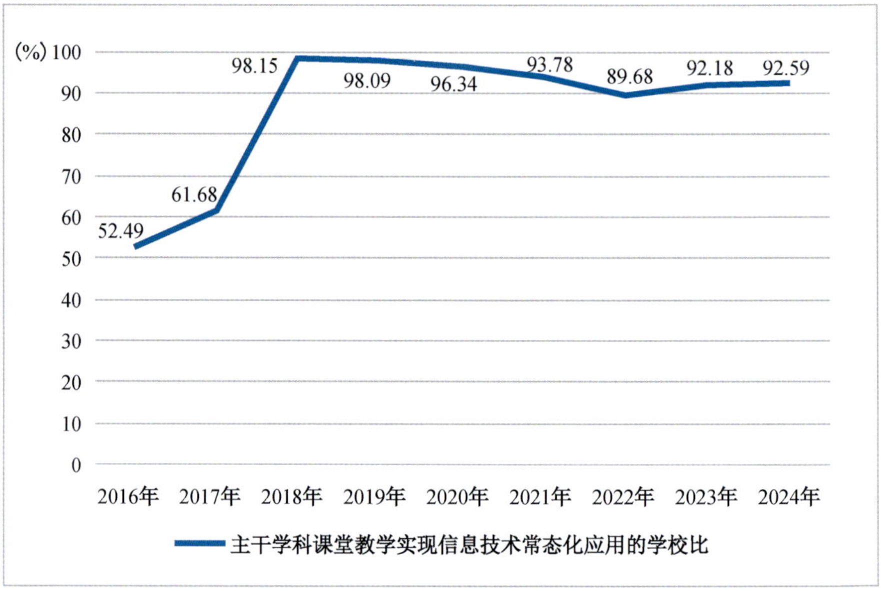

图 1－32　主干学科课堂教学实现信息技术常态化应用情况年度对比

近 9 年，江苏省中小学校能够利用数字技术开展学科教学的教师比例情况，如图 1－33 所示。总体来看，除 2020 年利用数字技术开展学科教学的教师比例稍低，其余年份全省均有超过 90％的教师利用数字技术开展了学科教学。

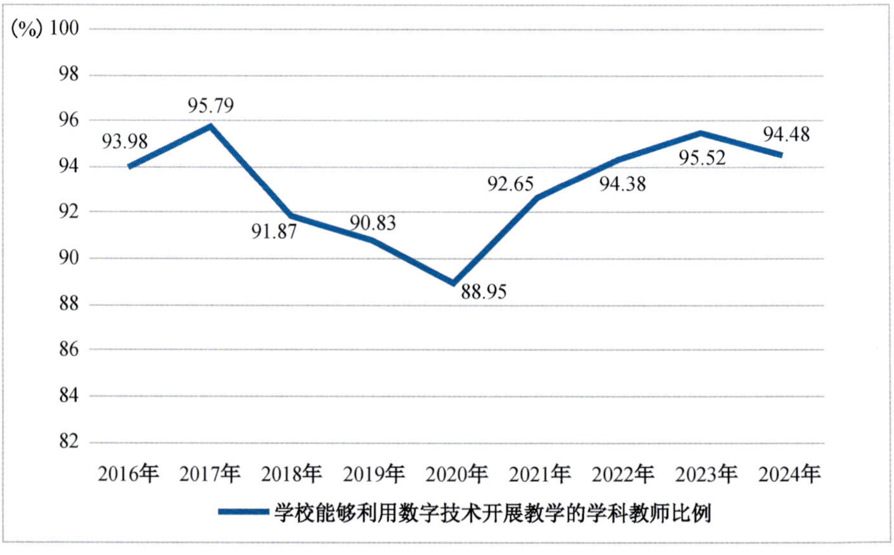

图 1－33　利用数字技术开展学科教学的教师情况年度对比

江苏省中小学应用空间开展教学和网络教研的教师比例，对比情况如图 1－34 所示。总体而言，全省应用空间开展教学与网络教研的教师比例均呈上升趋势，近几年达到 90％左右。

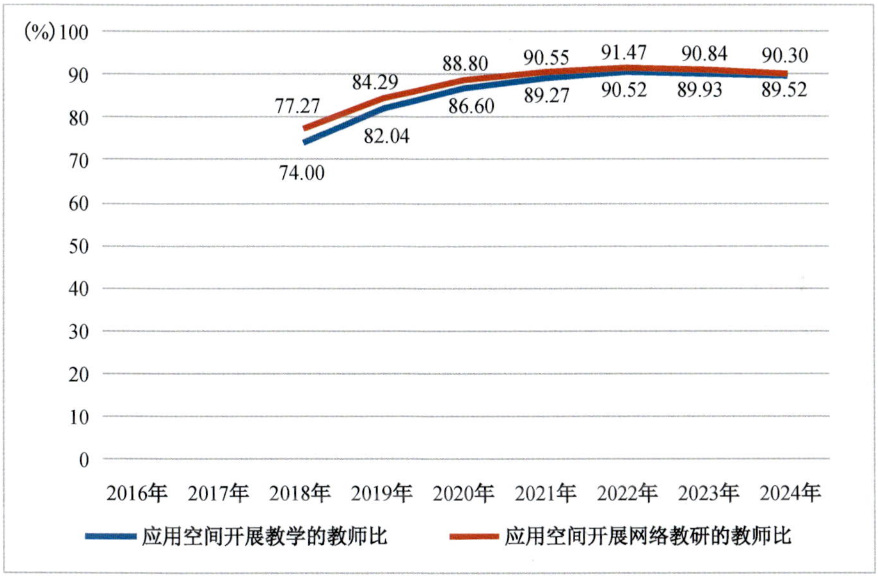

图 1－34　应用空间开展教学和网络教研的教师情况年度对比

1.7.4 教育管理年度对比

江苏省拥有教育管理类信息系统和学校管理信息系统能开展基础管理应用的学校比例，对比情况如图 1－35 所示。从 2017 年起，全省拥有教育管理类信息系统的学校占比呈现出波动增长趋势，至 2024 年实现 100％；学校管理信息系统能开展基础管理应用的学校比例从 2017 年的 62.20％上升至 2024 年的 99.15％。

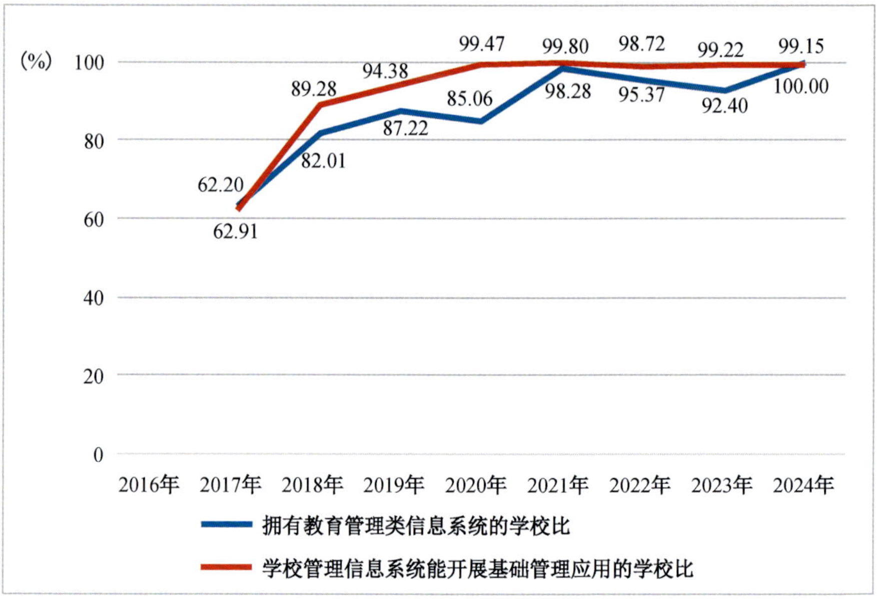

图 1－35　拥有教育管理类系统及开展基础管理应用的情况年度对比

江苏省中小学校管理信息系统实现统一身份认证的学校比例，对比情况如图 1－36 所示。2017 年，实现统一身份认证的学校比例为 63.15%，在之后几年比例不断上升，2020 年开始，全省超过 80% 的学校实现了管理信息系统的统一身份认证，并趋于稳定，但在 2024 年出现下降，仅为 67.08%。

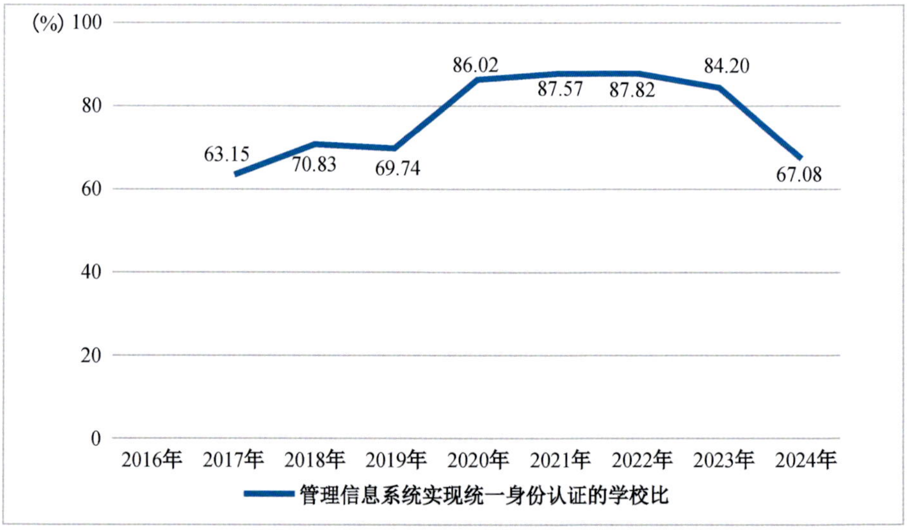

图 1－36　管理信息系统实现统一身份认证的学校情况年度对比

1.7.5 保障措施年度对比

近 9 年，江苏省中小学校副校级及以上领导主管数字化建设的学校比例，对比情况如图 1－37 所示。2016 年比例为 52.43％，2017—2024 年经历波动增长。

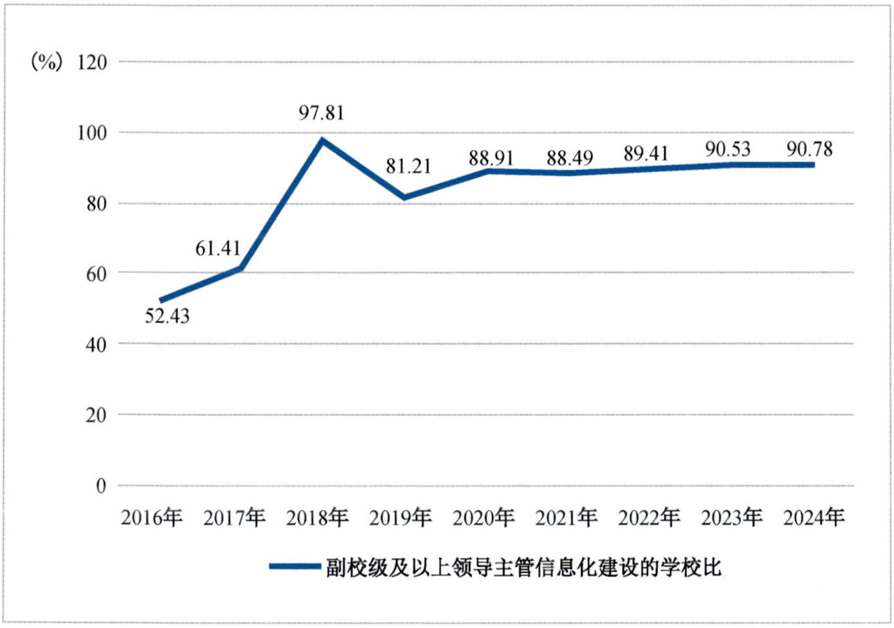

图 1－37　副校级及以上领导主管数字化建设情况年度对比

近 9 年，江苏省中小学校校级领导参加省级及以上数字化相关培训的学校比例，对比情况如图 1－38 所示。2016 年约 52.19％的校级领导参与相关数字化培训，从 2020 年到 2022 年之间校级领导参与培训的学校较多，均在 70％以上，随后逐步下降，2024 年的比例为 50.16％。

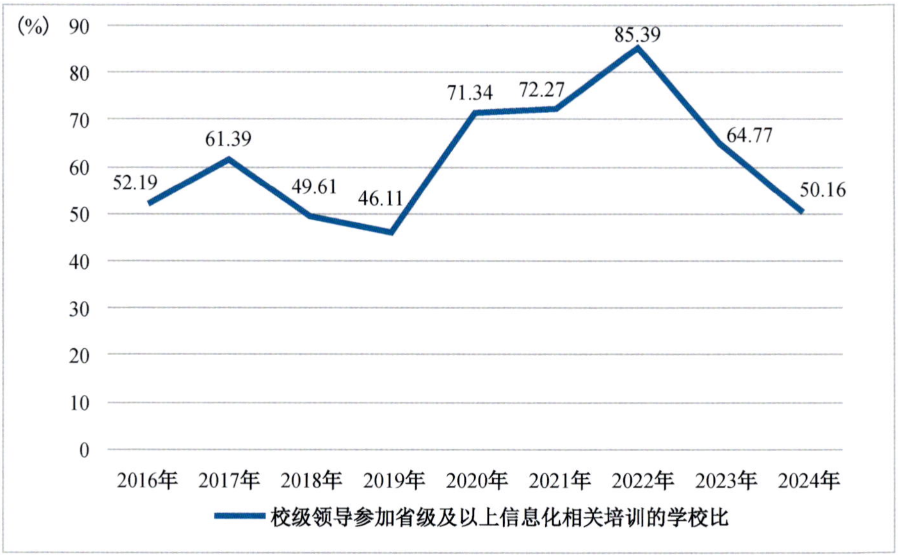

图 1－38　校级领导参与省级及以上数字化培训情况年度对比

近 9 年，江苏省中小学校数字化经费占本校同期教育总经费比例，对比情况如图 1－39 所示。总体来看，2016—2018 年，数字化经费占学校同期教育总经费的比例在 15％左右；随后几年升高，占比达到了 18％左右；近 2 年经费占比有所下降，2024 年仅为 12.66％。

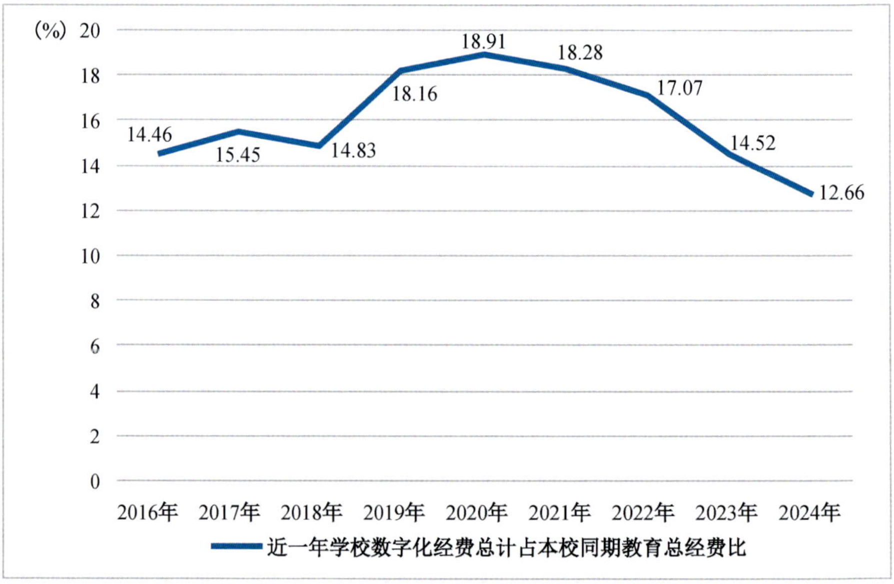

图 1－39　数字化经费占同期教育总经费情况年度对比

近 9 年，江苏省中小学校信息技术课程专任教师比例对比情况，如图 1－40 所示。2016 年，全省有 51.43％的学校配备信息技术课程专任教师，后续比例趋于稳定，均超过 55％，2024 年全省有 61.75％的学校配备信息技术课程专任教师。

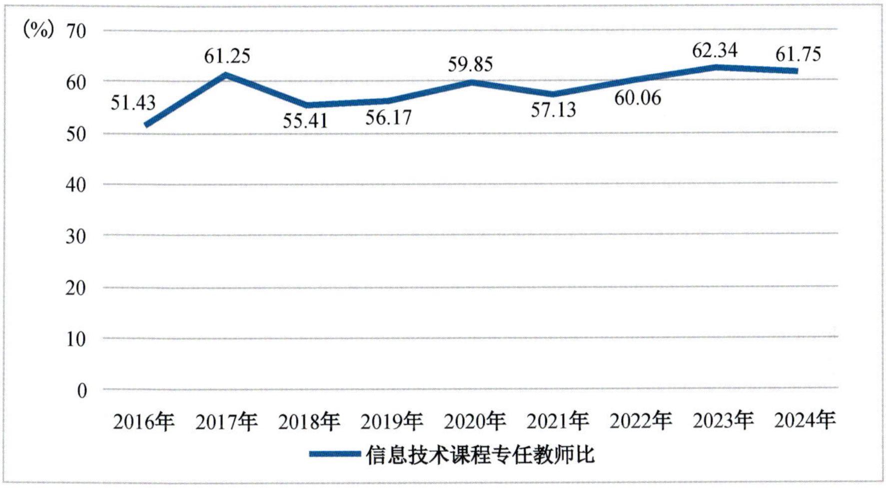

图 1－40　信息技术课程专任教师情况年度对比

江苏省中小学校构建教师教学数字技术常态化应用推进机制的学校比例，对比情况如图 1－41 所示。总体来看，构建教师教学信息技术常态化应用推进机制的学校比例呈上升趋势，2017 年与 2018 年比例相对较低，为 61.57％和 77.84％，其余年份比例均超过 96％。

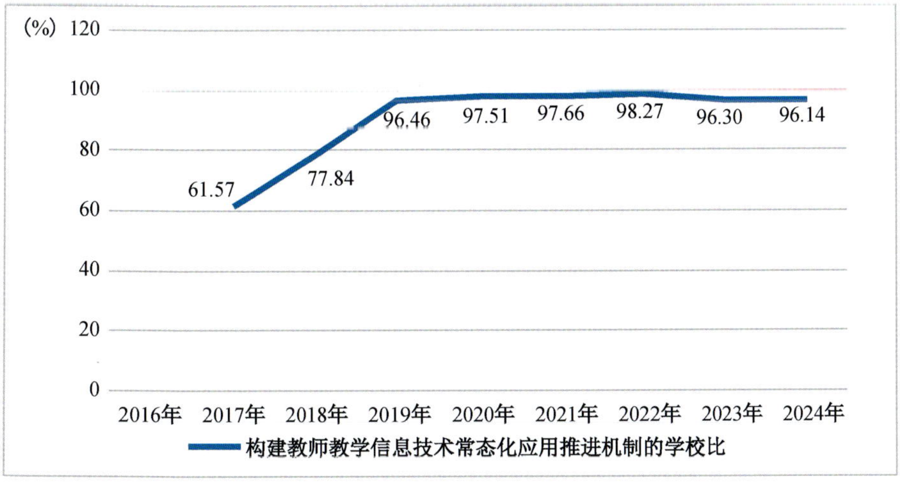

图 1－41　构建教学数字技术常态化应用推进机制的学校情况年度对比

2. 职业教育数字化发展情况

2.1 基础设施

此次调查，具体从智慧校园、数字化场所两个方面展开分析。

2.1.1 智慧校园

江苏省职业学校教学、科研、管理类信息系统的主要部署方式，具体如图 2 - 1 所示。截至 2024 年底，以自主建设、自主运营维护方式部署的学校，占比为 44.97%；以购买企业平台方式部署的学校占比为 42.01%；依托区域教育云平台部署的学校占比为 10.06%。

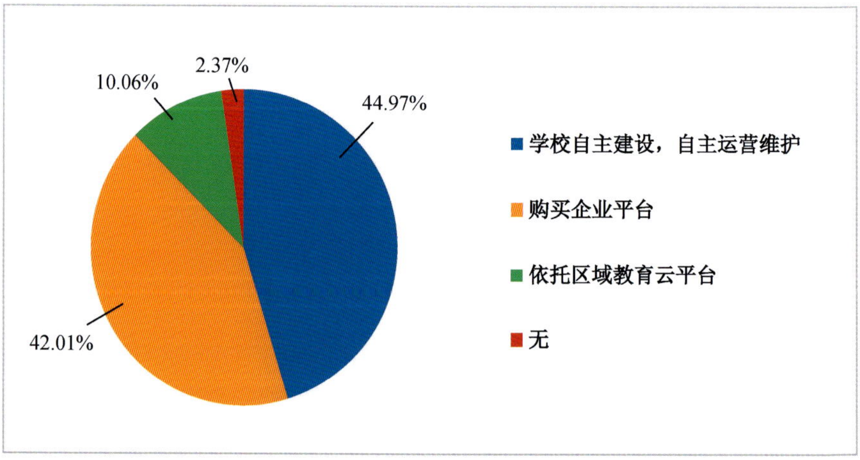

图 2 - 1　学校教学、科研、管理类信息系统的主要部署方式

2.1.2 数字化场所

截至 2024 年底，江苏省职业学校数字化场馆使用情况如图 2－2 所示。全省职业学校使用数字图书馆最多，占比为 76.33％；其次是使用智能化实验基地，占比为 34.91％。

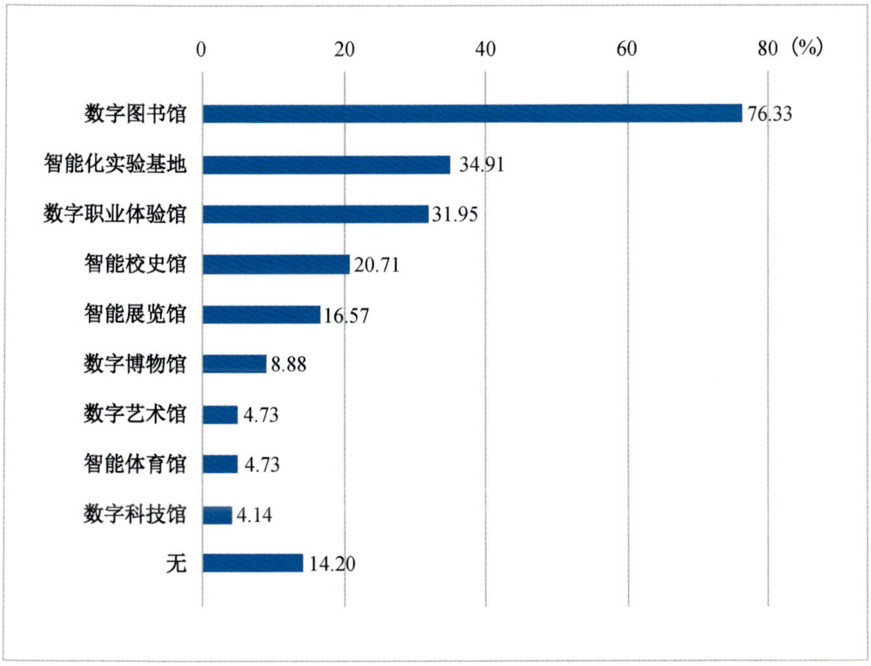

图 2－2　数字化场馆的使用情况

2.2 教育资源

此次调查，具体从数字教育资源、在线开放课程、仿真实训资源三个方面展开分析。

2.2.1 数字教育资源

截至 2024 年底，江苏省职业学校教师最常使用的数字教育资源情况如图 2－3 所示。全省职业学校教师使用最多的是教学课件，占比为 73.37％；其次是在线课程，占比为 66.27％。

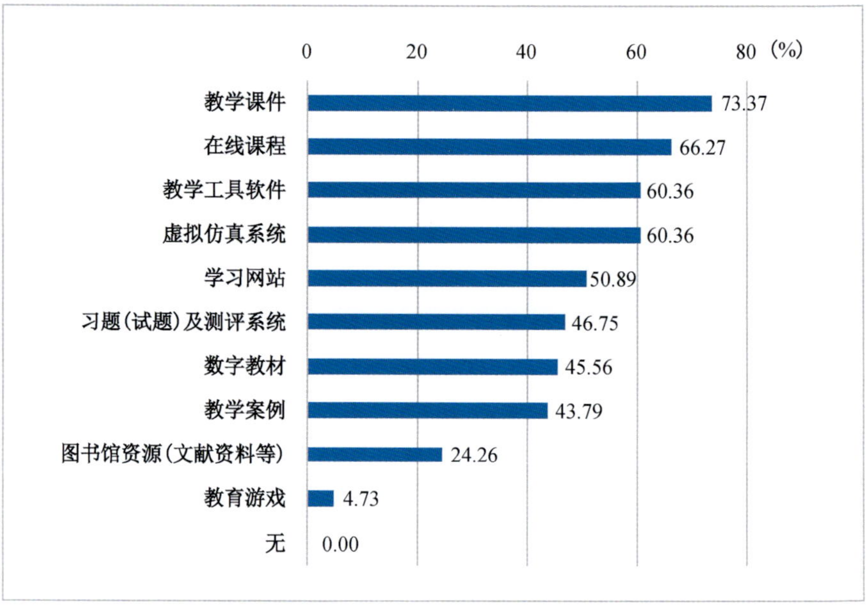

图 2－3　教师最常使用的数字教育资源情况

2.2.2 在线开放课程

截至 2024 年底，江苏省职业学校校企合作建设的在线开放资源类型情况如图 2－4 所示。全省职业学校和企业合作建设在线开放资源最多的是企业信息库和岗位技能标准库，占比均为 43.79%；其次是人才需求信息库，占比为 36.69%。

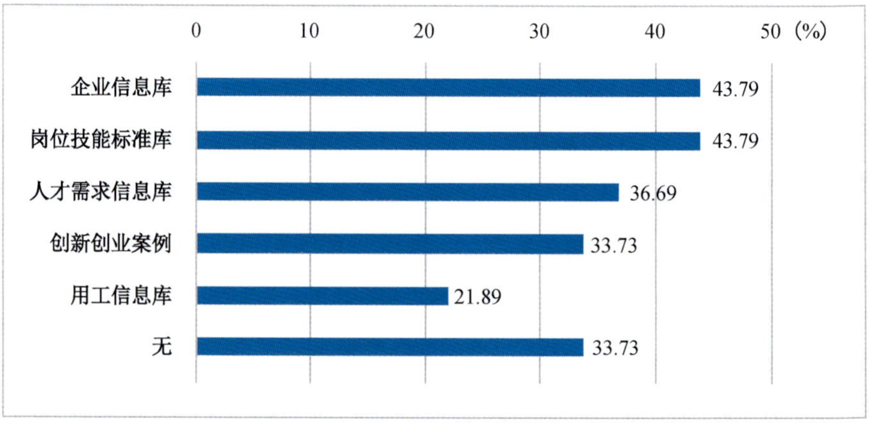

图 2－4　校企合作建设的在线开放资源类型情况

2.2.3 仿真实训资源

截至 2024 年底，江苏省职业学校拥有仿真实训资源的来源情况如图 2－5 所示。全省职业学校以市场购买仿真实训资源的最多，占比为 85.80%；其次是校企合作开发，占比为 49.11%。

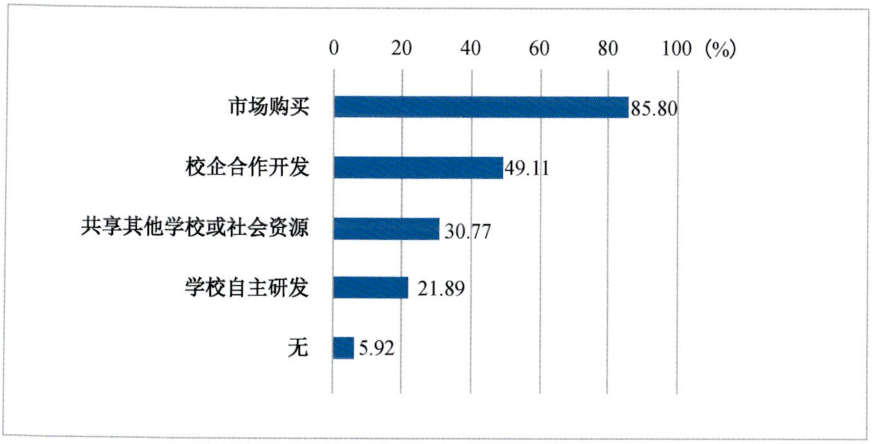

图 2－5 拥有仿真实训资源的来源情况

截至 2024 年底，江苏省职业学校拥有的虚拟仿真实训环境情况如图 2－6 所示。全省职业学校拥有虚拟仿真实训室最多，占比 79.29%；其次是数字化技能教室，占比为 49.70%。

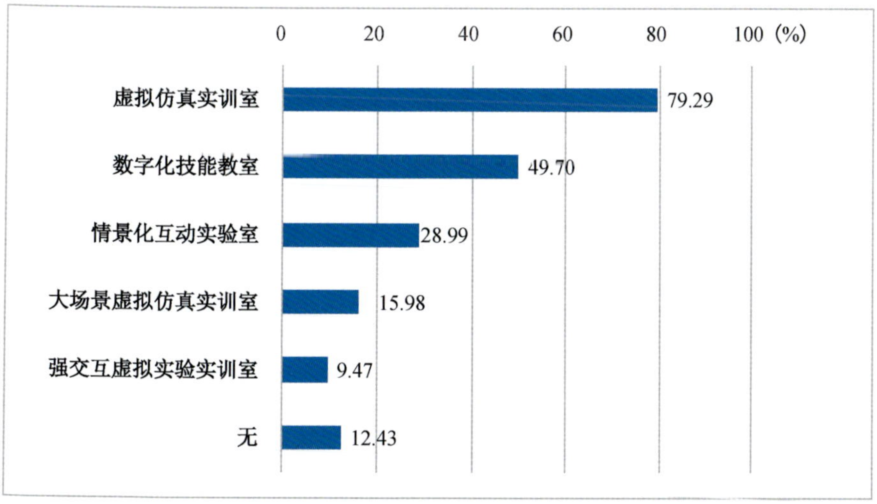

图 2－6 拥有虚拟仿真实训环境情况

2.3 教学应用

此次调查，具体从数字化教学系统、虚拟仿真技术应用两个部分展开分析。

2.3.1 数字化教学系统

江苏省职业学校的数字化教学系统常用功能情况，具体如图 2－7 所示。截至 2024 年底，全省职业学校使用最多的是用于教学平台，占比为 95.27%；其次是用于学习考试，占比为 87.57%。

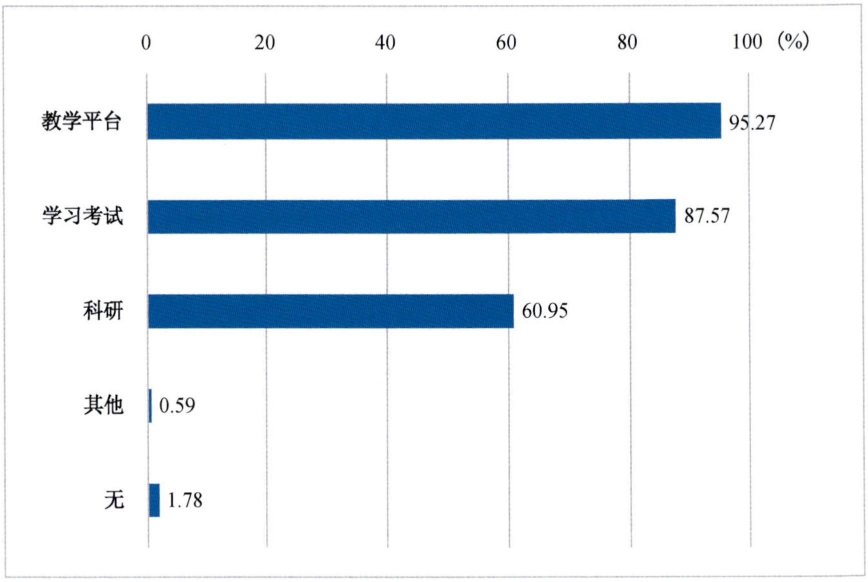

图 2－7　数字化教学系统常用功能情况

2.3.2 虚拟仿真技术应用

江苏省职业学校虚拟仿真资源主要应用范畴情况，具体如图 2－8 所示。截至 2024 年底，全省职业学校的虚拟仿真资源应用最广的是虚拟仿真实验教学，占比为 84.62%；其次是教师教学技能训练，占比为 79.88%。

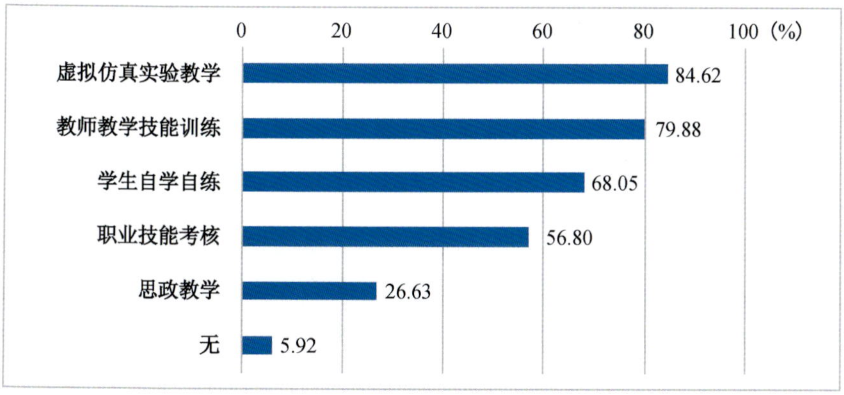

图 2-8　虚拟仿真资源主要应用范畴情况

2.4 管理数字化

此次调查，具体从数字化应用系统、数字化管理系统、公共支撑服务系统及校园网络安全四个部分展开分析。

2.4.1 数字化应用系统

江苏省职业学校能够提供的校企共享信息服务情况，具体如图 2-9 所示。截至 2024 年底，校企共享信息服务有 75.74%是校企共训；有 54.44%是企业引入。

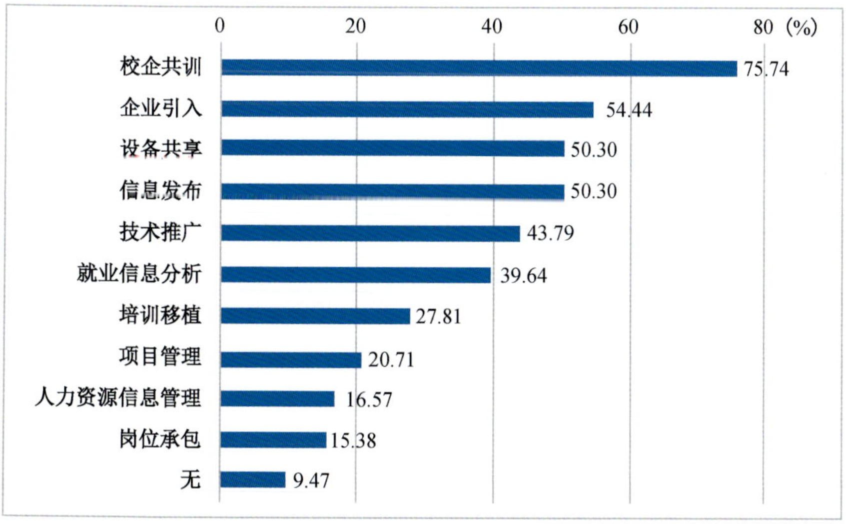

图 2-9　学校能够提供的校企共享信息服务情况

2.4.2 数字化管理系统

江苏省职业学校教育数字化管理内容情况，具体如图 2－10 所示。截至 2024 年底，最广泛的教育数字化管理内容是学校信息，占比为 90.53％；图书馆和经费财务信息，占比分别为 80.47％和 78.70％。

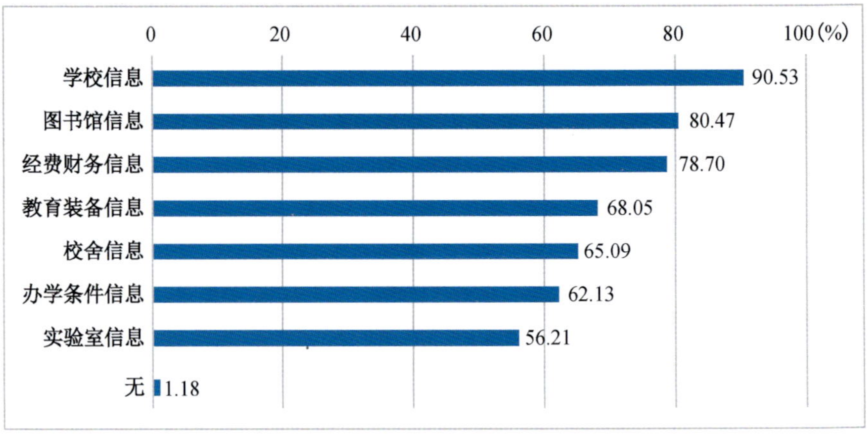

图 2－10　学校教育数字化管理内容情况

2.4.3 公共支撑服务系统

江苏省职业学校公共支撑服务系统应用情况，具体如图 2－11 所示。截至 2024 年底，全省职业学校使用最多的是校园一卡通系统，占比为 87.57％；其次是身份管理与认证系统，占比为 81.07％。

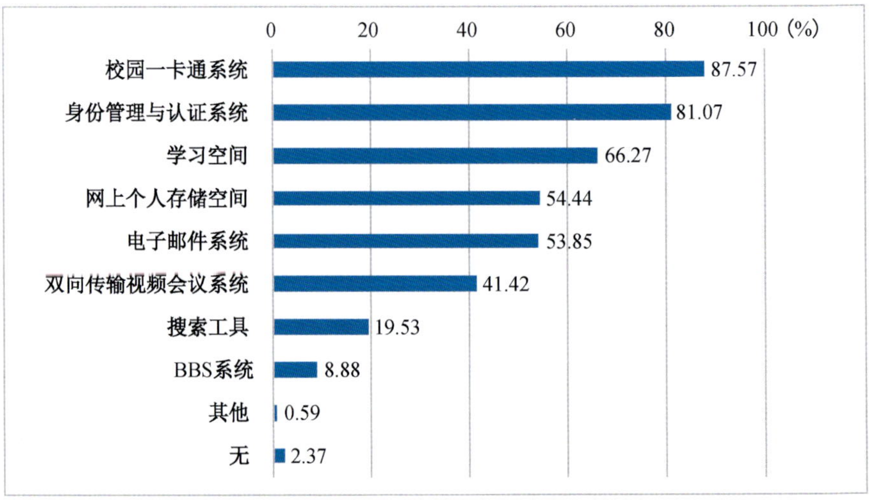

图 2－11　公共支撑服务系统应用情况

2.4.4 校园网络安全

江苏省职业学校现有网络安全管理制度内容具体如图 2－12 所示。截至 2024 年底，全省职业学校现有网络安全制度管理包括总规、机构、人员、系统运维、系统建设五个方面。其中，制定网络安全人员管理方面制度的学校最多，占比为 93.49％；其次是总规和机构管理，占比分别为 92.90％和 91.12％。

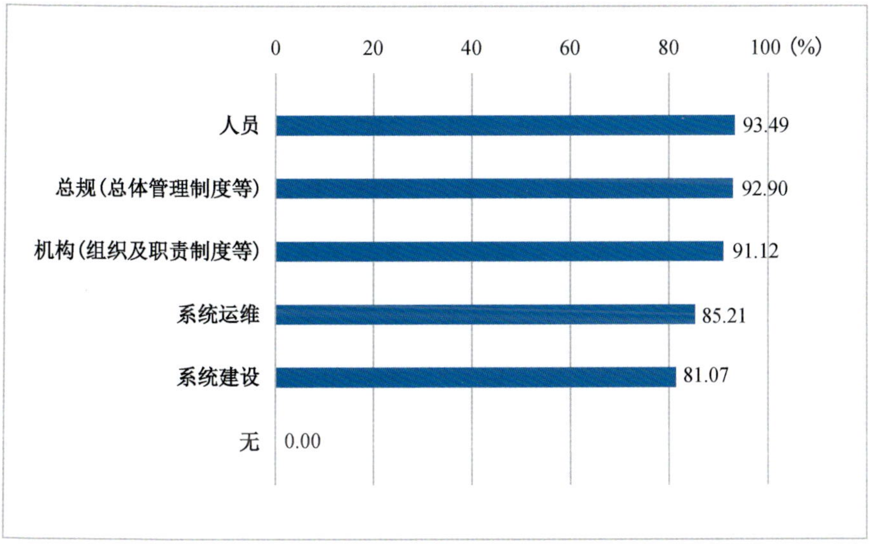

图 2－12　学校现有网络安全管理制度内容涉及情况

2.5 保障机制

此次调查，具体从数字化经费投入、数字化人员、管理服务保障措施、数字化应用促进措施四个部分展开分析。

2.5.1 数字化经费投入

江苏省职业学校数字化经费投入情况，具体如图 2－13 所示。截至 2024 年底，硬件经费占比为 34.58％；系统软件和应用软件经费占比为 16.94％；教学平台和教学资源费用占比为 14.26％；运行与维护费用占比为 10.75％；培训费用占比为 3.97％；研究及其他费用占比为 3.94％。

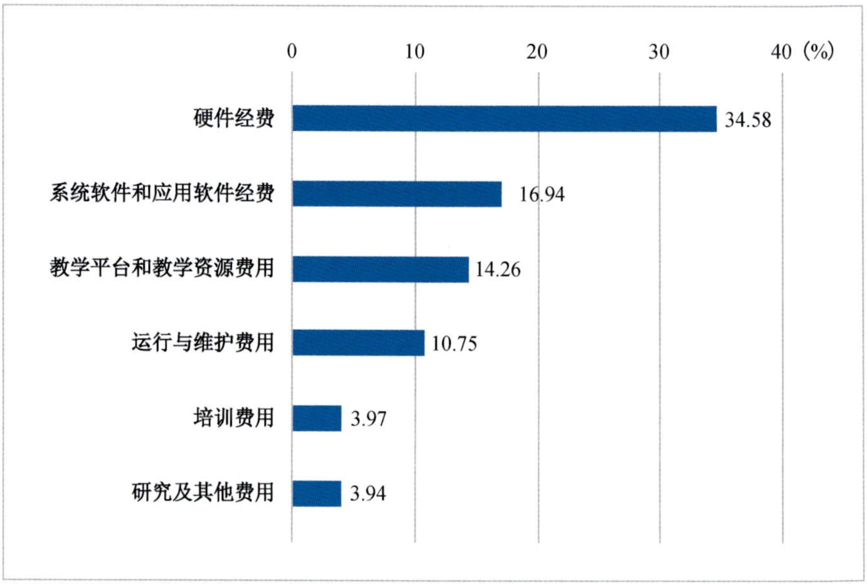

图 2－13　学校数字化经费投入情况

2.5.2 数字化人员

江苏省职业学校为推进数字化工作，采取校领导主管数字化工作模式，具体人员级别如图 2－14 所示。截至 2024 年底，全省职业学校主管数字化工作的校领导中，副校级级别的占比为 78.11%，正校级级别的占比为 18.34%。

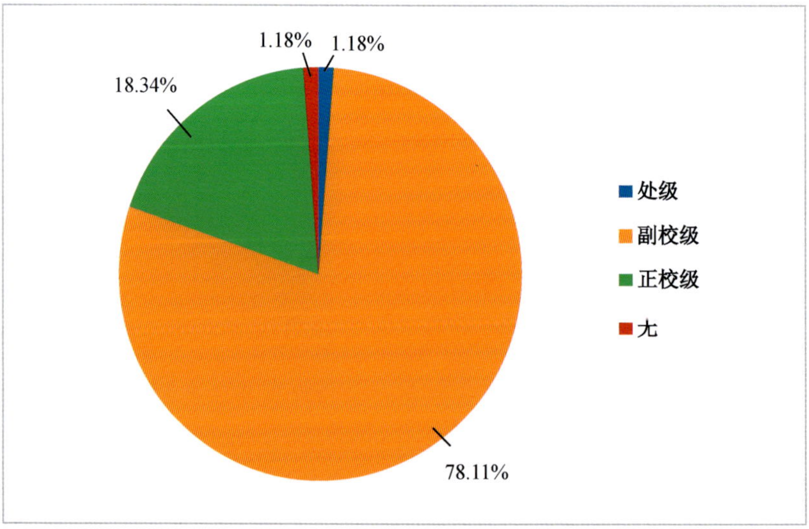

图 2－14　主管数字化工作校领导级别情况

2.5.3 管理服务保障措施

江苏省职业学校为促进管理服务效率和治理水平提升采取多种措施，具体如图 2－15 所示。截至 2024 年底，全省职业学校采取最广泛的措施是实现统一身份认证，占比为 87.57%；提供一站式校务管理服务、集成与共享各系统之间的数据，占比分别为 63.31%和 60.36%。

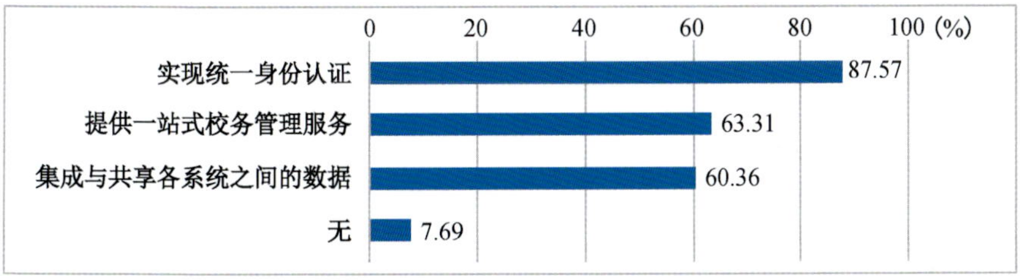

图 2－15　学校采取管理服务保障措施情况

2.5.4 数字化应用促进措施

江苏省职业学校为促进数字技术在教育教学中的常态化应用而采取的措施情况，具体如图 2－16 所示。截至 2024 年底，制定学校教师数字技术应用能力培训计划是学校采取最多的措施，占比为 75.15%；其次是制定教师数字素养评价标准，占比为 59.76%。

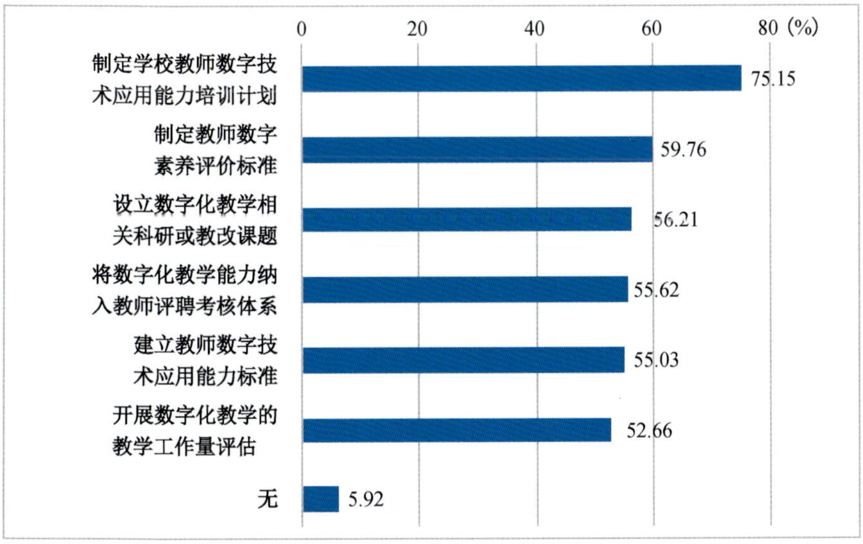

图 2－16　学校为促进数字技术在教育教学中常态化应用而采取的措施情况

3. 高等教育数字化发展情况

3.1 基础设施

此次调查，具体从智慧教室、数字化场所两个方面展开分析。

3.1.1 智慧教室

截至2024年底，江苏省高校均拥有智慧教室82.66间，占学校教室总间数比例为25.63%。

3.1.2 数字化场所

江苏省高校使用数字化场馆的情况，具体如图3－1所示。截至2024年底，全省高校使用最多的是数字图书馆，占比为86.79%；其次是智能校史馆，占比为33.96%。

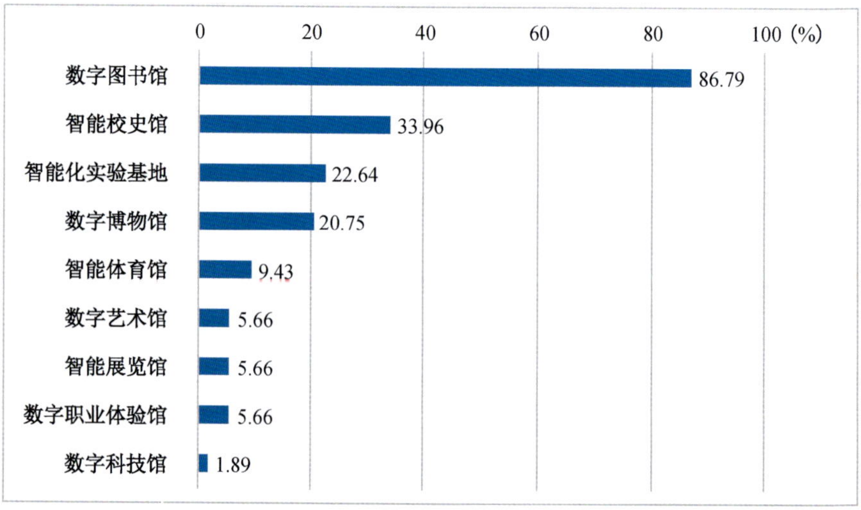

图3－1　高校使用数字化场馆的情况

3.2 教育资源

此次调查，具体从数字教育资源、在线开放课程、网络课程资源三个方面展开分析。

3.2.1 数字教育资源

江苏省高校数字资源的共享服务范围情况，具体如图 3－2 所示。截至 2024 年底，全省高校数字资源在学校内部之间的共享服务，占比为 100%；其次是在专业之间的共享服务，占比为 64.15%。

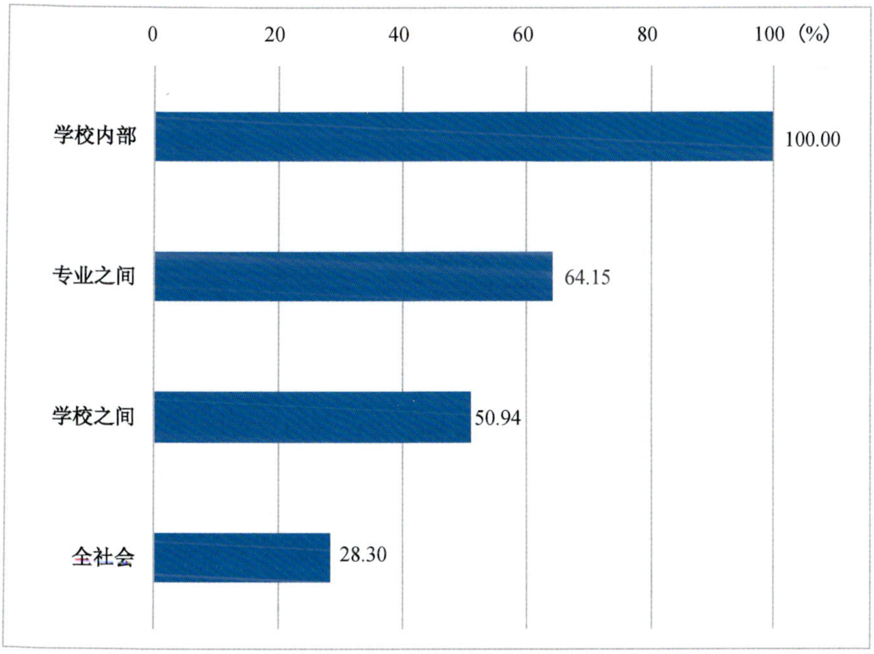

图 3－2　高校数字资源的共享服务范围情况

3.2.2 在线开放课程

江苏省高校建设开放共享的平均课程数量情况，具体如图 3－3 所示。截至 2024 年底，全省高校建设并在境内平台开放共享的 MOOC 课程校均达到 39.72 门，在境外平台开放共享的 MOOC 课程仅有 2.53 门。

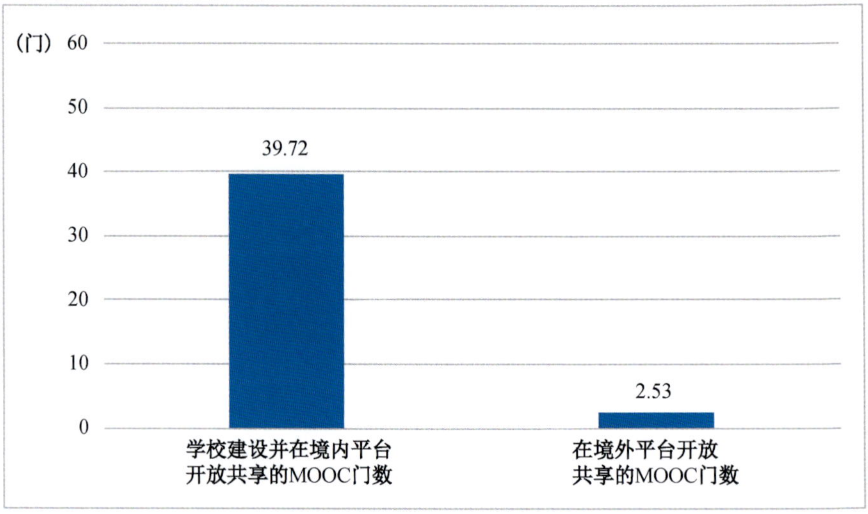

图 3-3　高校建设开放共享的平均课程数量

3.2.3 网络课程资源

江苏省高校在日常教学中应用的在线课程数量情况，具体如图 3-4 所示。截至 2024 年底，全省高校在日常教学应用中在线课程数校均达到 993.42 门。其中，SPOC 课程数达到 702.04 门，MOOC 课程数仅有 67.19 门。

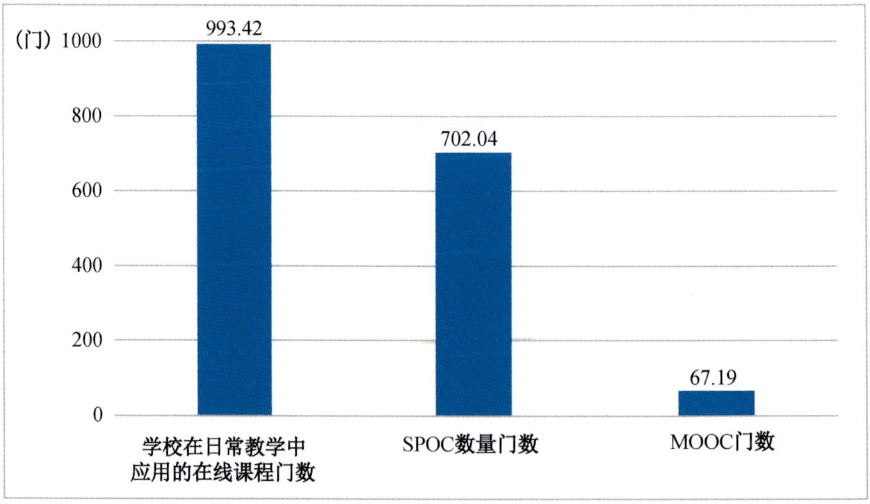

图 3-4　日常教学中应用的在线课程数

江苏省高校省级及以上一流本科课程情况，具体如图 3－5 所示。截至 2024 年底，全省高校拥有省级及以上一流本科课程数平均达到 38.06 门，线上一流课程数平均为 9.79 门，线上线下混合式一流课程数平均有 8.89 门，虚拟仿真一流课程数平均有 5.26 门。

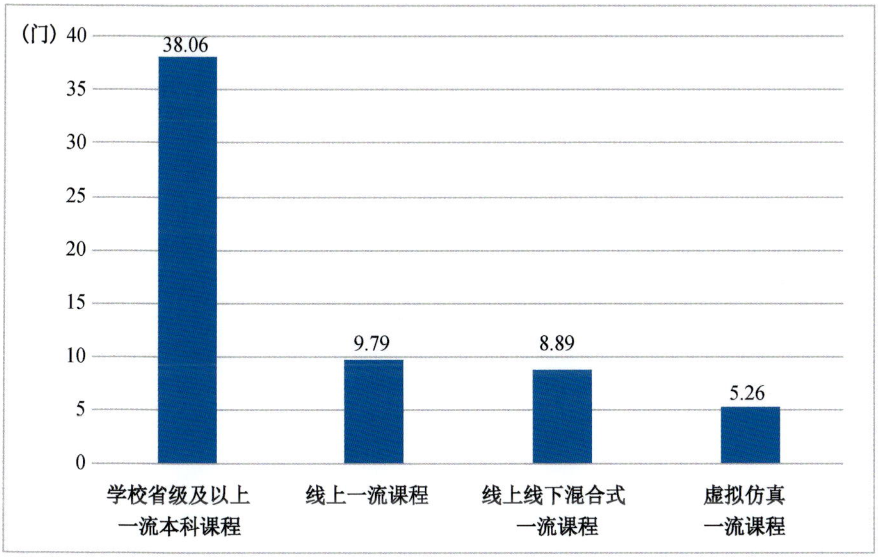

图 3－5　省级及以上一流本科课程数

3.3 教学应用

此次调查，具体从虚拟仿真技术应用、科研数字化和生成式人工智能技术应用三个部分展开分析。

3.3.1 虚拟仿真技术应用

江苏省高校虚拟仿真技术主要应用场景情况，具体如图 3－6 所示。截至 2024 年底，全省高校应用最多的场景是虚拟仿真实验教学，占比为 92.45％；其次是学生自学自练，占比为 67.92％。

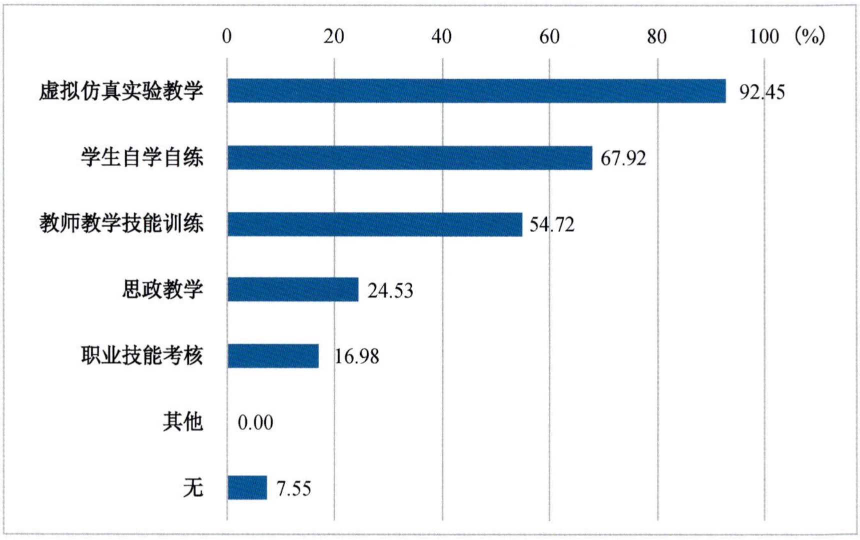

图 3-6 虚拟仿真技术资源主要应用场景情况

江苏省高校校均拥有虚拟仿真实验室和最近一年项目立项的数量情况，具体如图 3-7 所示。截至 2024 年底，全省高校校均拥有虚拟仿真实验室 5.57 间；最近一年学校校均立项虚拟仿真实验教学项目 3.00 项。

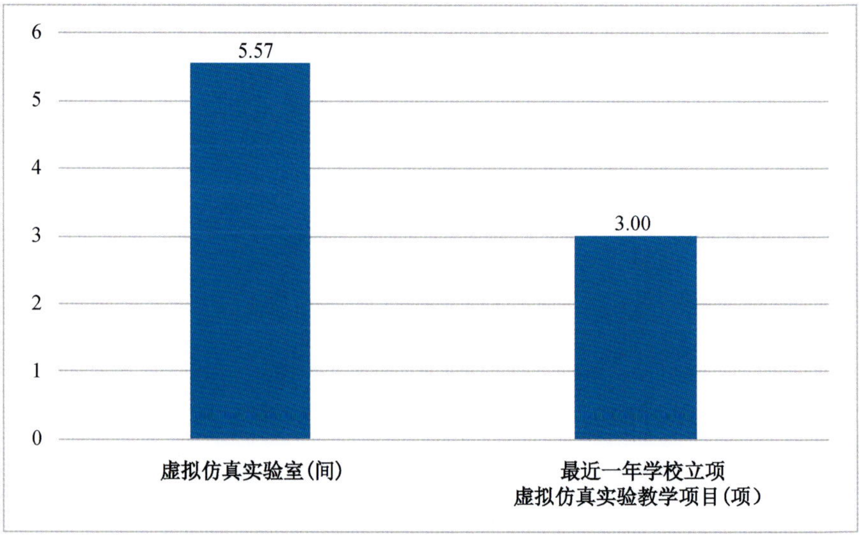

图 3-7 高校校均拥有虚拟仿真实验室和最近一年项目立项数量

3.3.2 科研数字化

江苏省高校最常使用的科研数字化服务情况，具体如图 3－8 所示。截至 2024 年底，全省高校最常使用的科研数字化服务是科学文献共享，占比为 66.04％；其次是科研项目专业工具软件，占比为 58.49％。

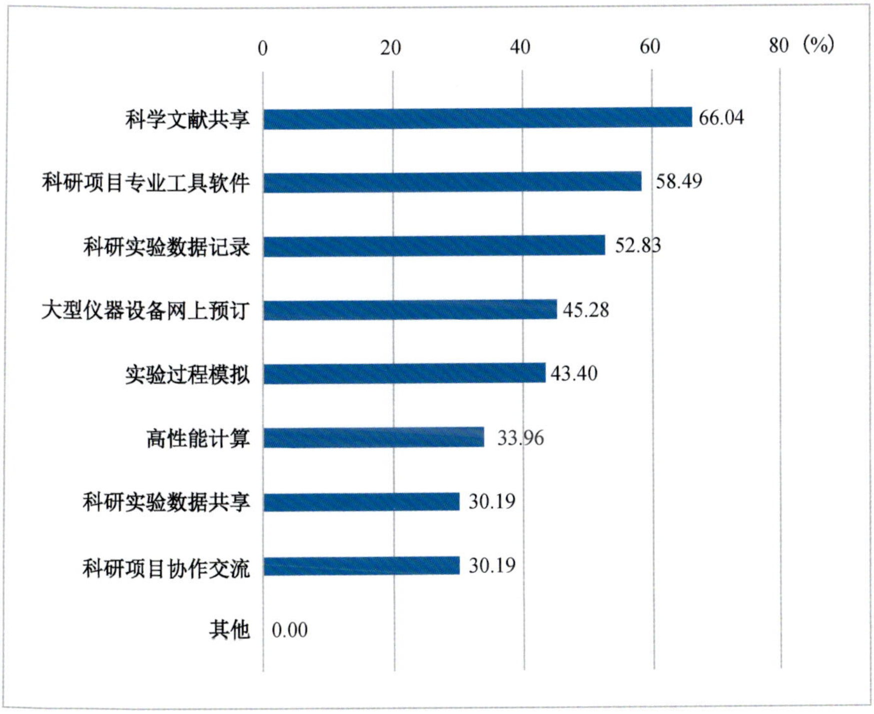

图 3－8　高校最常使用的科研数字化服务情况

3.3.3 生成式人工智能技术应用

江苏省高校生成式人工智能技术应用场景的情况，具体如图 3－9 所示。截至 2024 年底，全省有 56.60％的高校利用生成式人工智能技术进行信息搜索和整合；有 47.17％的高校师生将生成式人工智能技术应用于智能教学助手；但仍有 32.08％的高校暂未将生成式人工智能技术应用于教育教学。

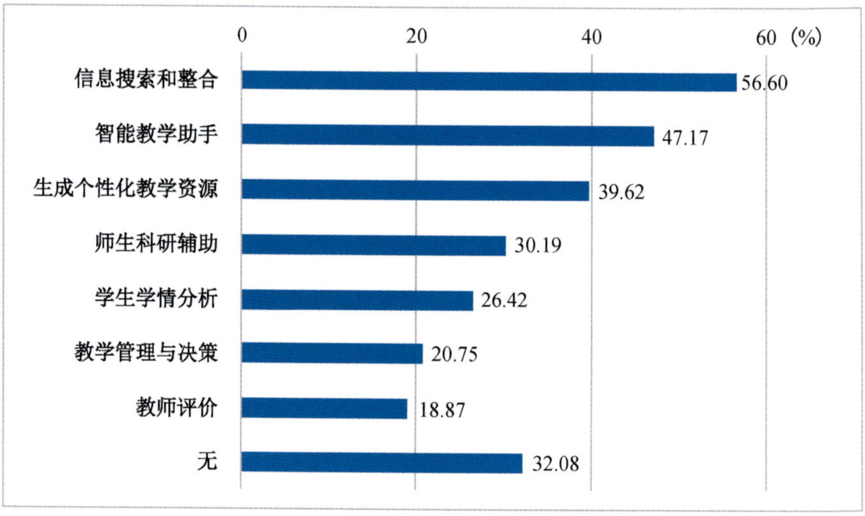

图 3－9　高校生成式人工智能技术应用场景情况

3.4 管理数字化

此次调查，具体从数字化部门设置、数字化管理及网络安全三个部分展开分析。

3.4.1 数字化部门设置

江苏省高校数字化职能部门设置情况，具体如图 3－10 所示。截至 2024 年底，全省高校专设数字化职能部门比例达到 98.11%，但仍有 1.89%尚未专门设置信息化职能部门。

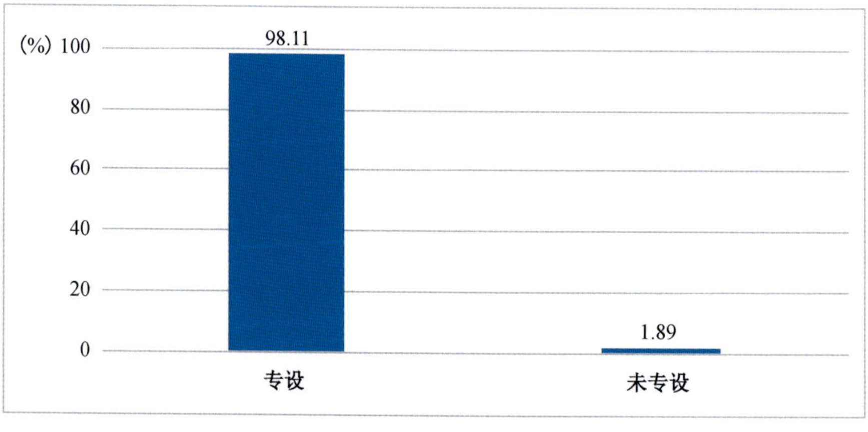

图 3－10　高校数字化职能部门设置情况

3.4.2 数字化管理

江苏省高校实现数字化管理的工作内容情况，具体如图 3－11 所示。截至 2024 年底，全省高校实现图书馆数字化管理的最多，占比为 92.45%；办学条件实现数字化管理的最少，占比为 58.49%。

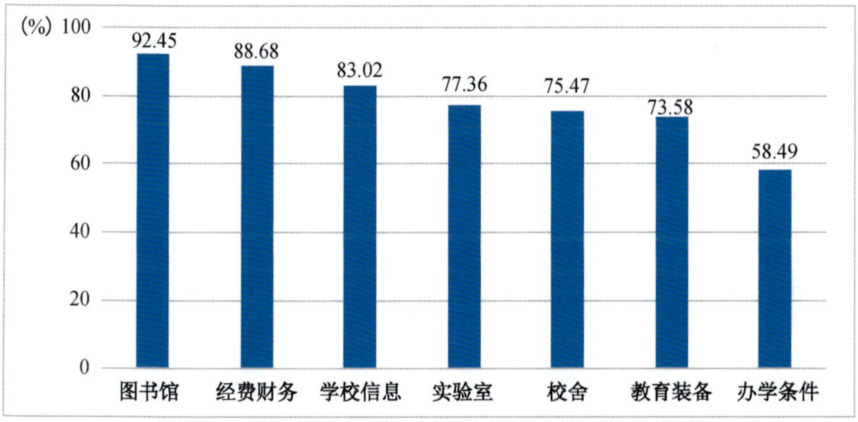

图 3－11　高校实现教育数字化管理的工作内容情况

3.4.3 网络安全

江苏省高校现有的网络安全管理制度情况，具体如图 3－12 所示。截至 2024 年底，全省高校在网络安全管理制度方面采取措施最多的是制定人员管理制度和机构管理制度，占比均为 94.34%；其次是总体管理制度，占比为 90.57%。

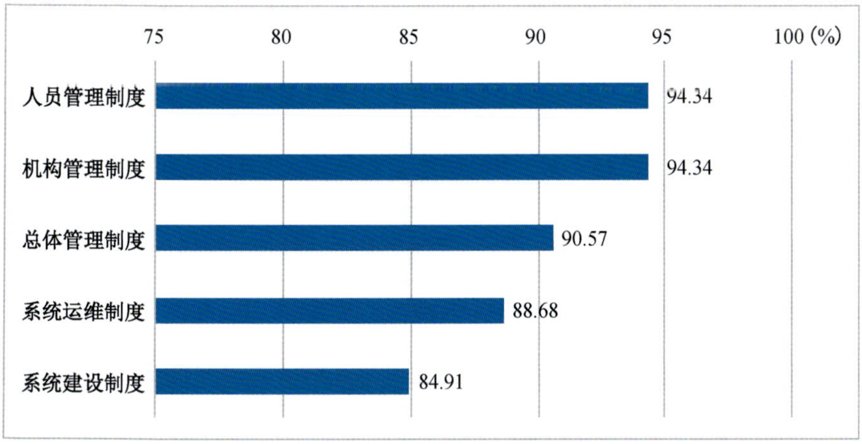

图 3－12　高校现有的网络安全管理制度情况

3.5 保障机制

此次调查,具体从数字化经费投入、数字化人员、数字化培训、数字化应用促进措施四个部分展开分析。

3.5.1 数字化经费投入

江苏省高校数字化经费投入情况,具体如图3-13所示。截至2024年底,高校数字化经费中建设费用占比为54.92%;运维费用占比为34.52%。

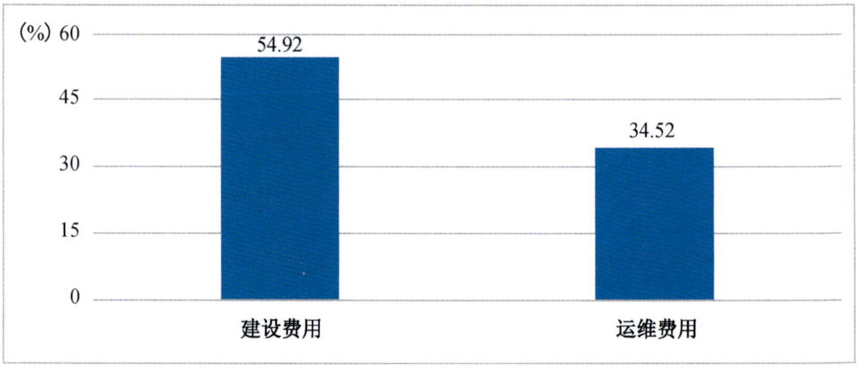

图3-13 高校数字化经费投入情况

3.5.2 数字化人员

江苏省高校校均数字化人员数,具体如图3-14所示。截至2024年底,全省高校校均数字化工作职能部门人员为17.47人。其中,在编人员校均为13.23人、外聘人员校均为3.06人。

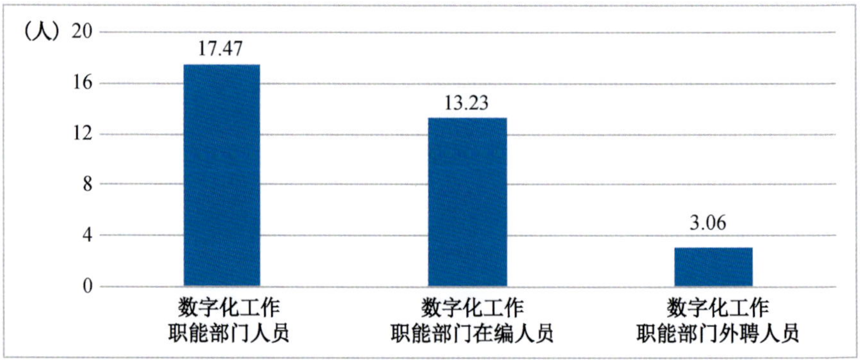

图3-14 高校校均数字化人员数

3.5.3 数字化培训

江苏省高校教师参加教育数字化培训的情况，如图 3－15 所示。截至 2024 年底，全省高校最近一年参加教育数字化专项培训的教师占比为 25.16%；参加学校组织的数字化校本培训人均 10.04 次；培训覆盖教师的占比是 59.16%。

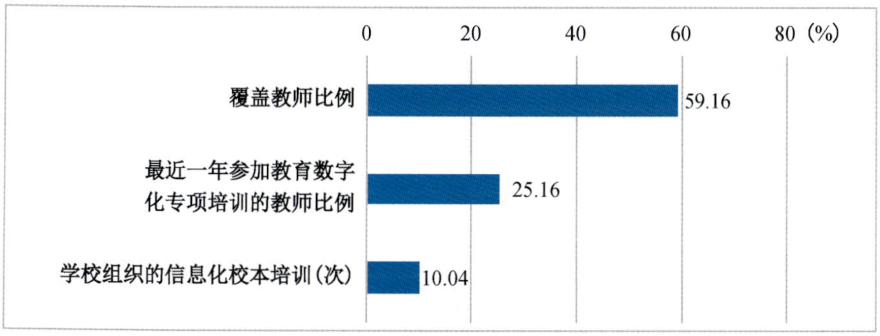

图 3－15　高校最近一年教师参加教育数字化培训情况

3.5.4 数字化应用促进措施

江苏省高校在促进数字技术与教育教学融合应用方面采取措施的情况，具体如图 3－16 所示。截至 2024 年底，制定学校教师数字技术应用能力培训计划的高校占比为 75.47%；设立数字化教学研究项目的高校占 64.15%。

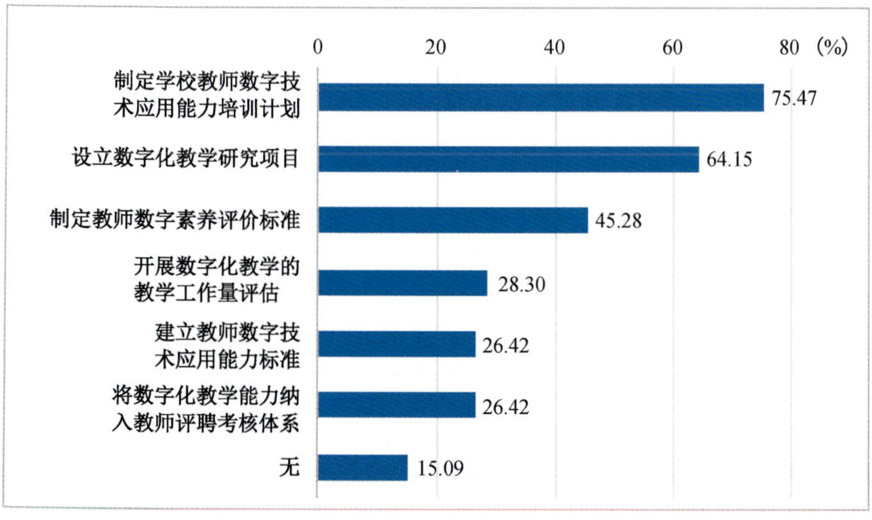

图 3－16　高校在促进信息技术与教育教学融合应用方面采取措施的情况

4. 智慧教育样板区发展情况

2023 年 1 月,江苏省教育厅联合省委网信办、省工信厅印发了《江苏省智慧教育样板区建设指南》,全面启动智慧教育样板区建设,积极探索区域推进智慧教育的新路径。2023 年 6 月,省教育厅联合省委网信办、省工信厅公布了省智慧教育样板区培育区域名单,全省共有 30 个县(市、区)入围。基于此,为动态掌握江苏省智慧教育样板区建设进展,及时发现智慧教育样板区建设过程中存在的问题,进一步明晰工作方向和建设任务,在对 30 个培育区域问卷数据进行整理和分析的基础上,编制此 2024 年度江苏省“智慧教育样板区发展情况”专项报告。

4.1 报告综述

依据《江苏省智慧教育样板区建设指南》,各培育区域围绕智慧教育支撑环境、智慧教育资源供给、智慧教学创新实践、智慧教育治理转型、智慧教育评价改革和智慧人才队伍建设六个不同的方向开展了智慧教育样板区建设。截至 2024 年底,全省智慧教育样板区建设已取得了显著成效,具体建设情况如下:

在智慧教育样板区建设整体发展情况方面,全省智慧教育样板区 91.22%的学校主干宽带达到了千兆级,77.23%的学校实现了无线网络全覆盖,77.78%的学校支持 IPV6 访问;全省智慧教育样板区校均拥有 43.78 间教室、41.51 间多媒体教室、7.73 间智慧教室和 1.74 间录播教室;全省智慧教育样板区学校为学生配备移动终端设备人均 0.07 台,为教师教学配备教学终端设备 1.03 台;97.82%的学校接入国家智慧教育平台,90%左右的学校会在教师备课授课、教师研修培训及学生自主学习环境应用国家智慧教育平台,超过 75%的学校支持使用生成式人工智能应用工具;学校未发生过重特大网络安全事故;各培育区域教育部门配备数字化管理人员平均为 2.83 人。

在智慧教育支撑环境方面,有 67.83%的学校建有校园门户网站实现校内教育服务;在创新应用智能技术方面,有 94.35%的学校能够实现资源共享;有 76.52%的学校建有智慧教室;有 59.13%的学校在基于数字化学习终端,支持学生开展随时随地的泛在学习方面取得良好成效;在引导学生合理使用数字化学习终端的措施方面,有 89.13%的学校能够开展安全使用电子设备与网络安全教育主题学习。

在智慧教育资源供给方面,超过 86%的学校建有智育资源和德育资源;在利用数字教育资源开展教育应用方面,有 89.33%的学校使用名师空中课堂;有 89.89%的学校数字教育资源主要来源于校本资源;有 86.52%的学校能够拓展多主体参与、多渠道供给、多形式服务的供给体系。

在智慧教学创新实践方面,有 93.57%的学校利用网络空间进行资源共享;有 92.98%的学校教师使用网络学习空间进行备课;有 75.15%的学校的学生使用网络学习空间进行拓展阅读;有 57.31%的学校形成了创新新一代信息技术与音体美劳课程的智能化教学模式;有 79.53%的学校开展智慧课堂教学实践;有 71.05%的学校进行了作业科学化设计与分发。

在智慧教育治理转型方面,有 52.48%的学校实现了核心数据对接区域教育数据大脑平台;有 96.04%的学校应用阳光食堂、阳光招生等平台进行“互联网+教育”政务服务和监管服务的探索;有 93.07%的学校建立学生体质健康数字档案。学生的近视率为 51.35%,肥胖率为 14.30%。

在智慧教育评价改革方面,有 85.09%的学校校园数据库包括学校管理数据;有 87.89%的学校运用了学生综合素质评价系统;有 90.68%的学校将师生评价数据应用于学生发展;在智能技术赋能教学质量评价方面,有 89.75%的学校利用学业质量监测平台改进教学与管理工作。

在智慧人才队伍建设方面,有 92.98%的学校能够开齐、开足、开好信息技术类综合实践课程,开展教师信息技术教学微能力点培训和考核以及拓宽、拓深信息科技教育渠道和内容;有 78.07%的学校开展了探索人工智能课程教学创新模式;有 87.72%的学校能够组建教师智能研修共同体并探索教师智能研修创新模式。

4.2 智慧教育样板区建设整体发展情况

4.2.1 校园网络

江苏省智慧教育样板区培育区域的学校校园网主干宽带建设情况如图 4－1 所示。截至 2024 年底，有 91.22％的学校主干宽带达到了千兆级，4.12％的学校实现了万兆级主干宽带。

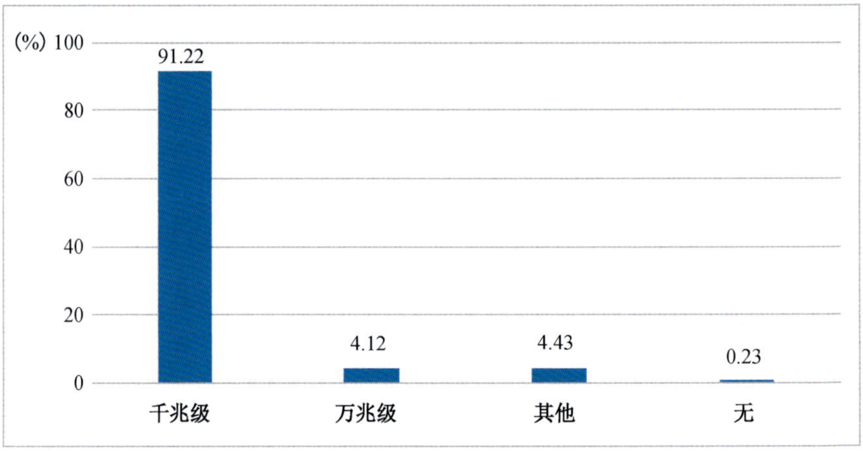

图 4－1 校园网主干宽带建设情况

江苏省智慧教育样板区培育区域的学校无线网络覆盖情况如图 4－2 所示。截至 2024 年底，有 77.23％的学校实现了无线网络全覆盖。

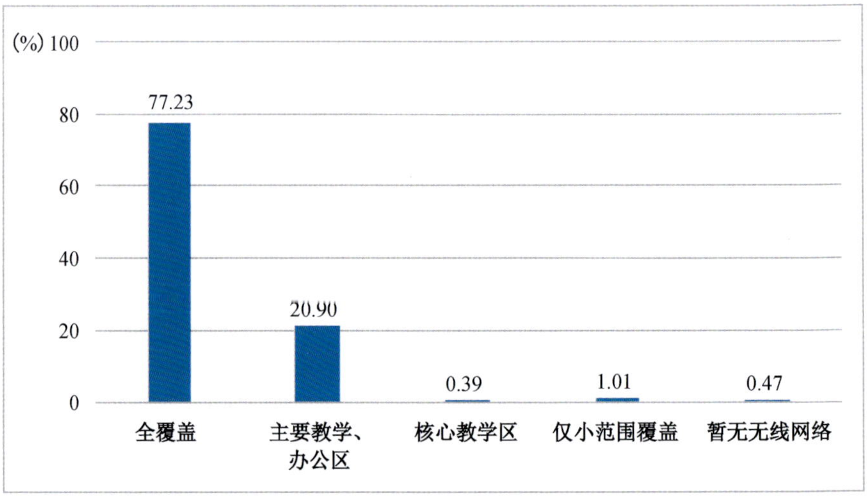

图 4－2 无线网络覆盖情况

江苏省智慧教育样板区培育区域的学校 IPV6 访问情况如图 4－3 所示。截至 2024 年底，有 77.78％的学校支持 IPV6 访问。

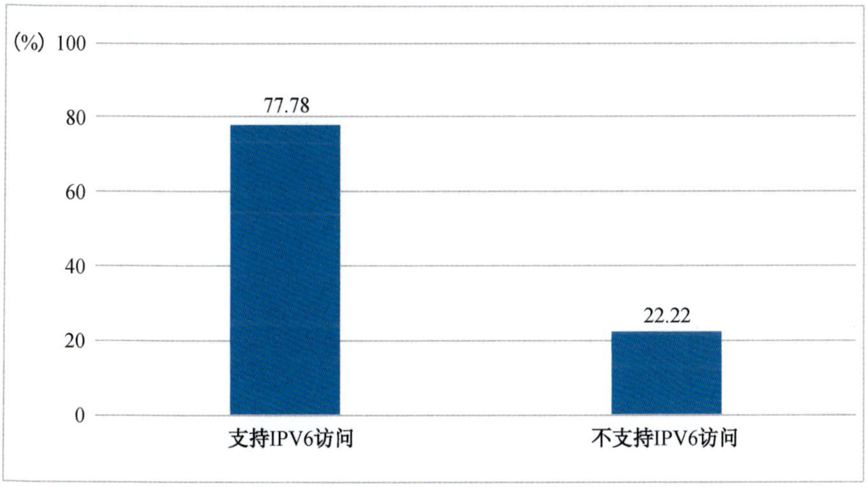

图 4－3　IPV6 访问情况

4.2.2 智慧环境

江苏省智慧教育样板区培育区域的学校校均拥有的各类教室数量如图 4－4 所示。截至 2024 年底，校均拥有 43.78 间学校教室、41.51 间交互式多媒体教室、7.73 间智慧教室、1.74 间录播教室。

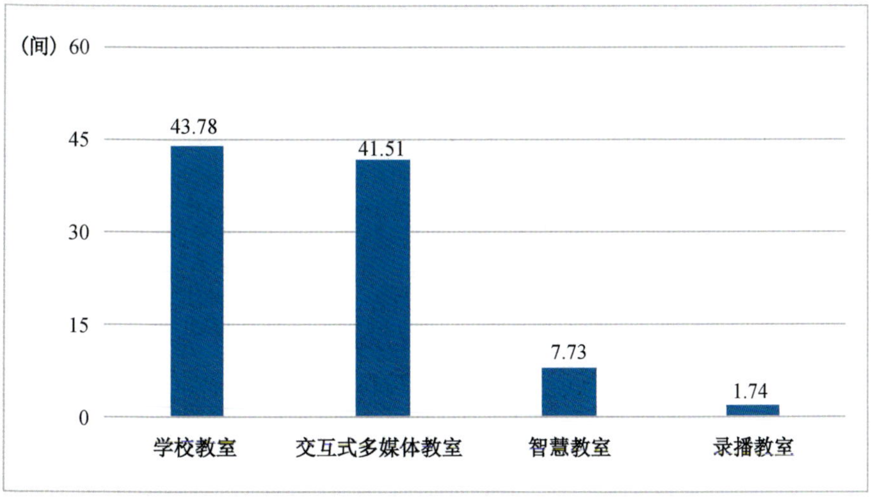

图 4－4　校均拥有的各类教室数量

江苏省智慧教育样板区培育区域的学校个人数字化终端配备情况如图 4－5 所示。截至 2024 年底，学校为学生配备移动学习终端人均为 0.07 台，为教师教学配备移动教学终端人均为 1.03 台。

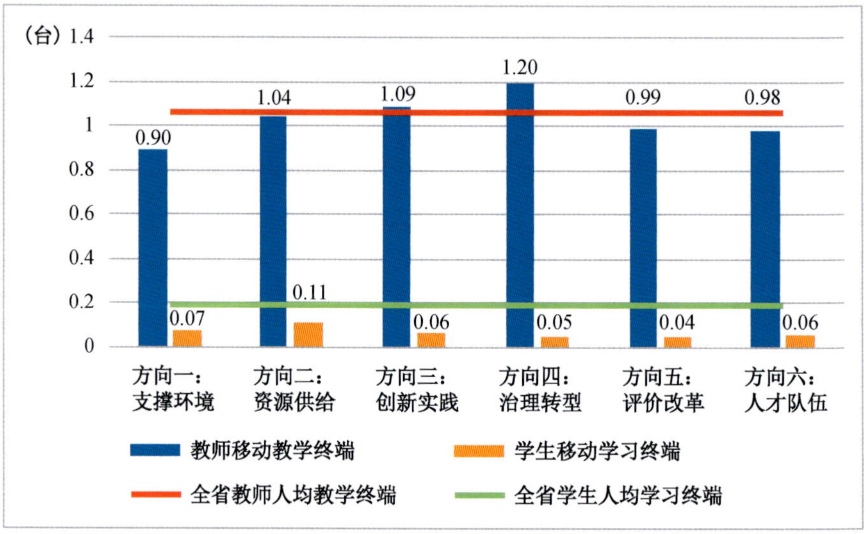

图 4－5　个人数字化终端配备数量

江苏省智慧教育样板区培育区域的学校正版软件使用情况如图 4－6 所示。截至 2024 年底，已有 56.10％的学校全部使用正版软件，37.14％的学校使用的大部分为正版软件，但仍有 0.70％的学校未使用正版软件。

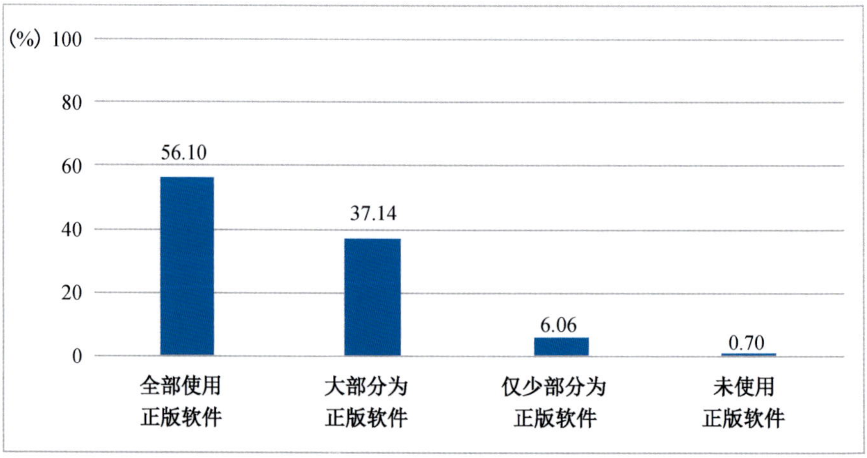

图 4－6　正版软件使用情况

4.2.3 教育资源与应用

江苏省智慧教育样板区培育区域的学校接入国家智慧教育平台情况如图 4－7 所示。截至 2024 年底，全省平均 97.82％的学校接入国家智慧教育平台。其中，智慧教育支撑环境方向的培育区域已有 98.26％的学校接入国家智慧教育平台；智慧教育资源供给方向的培育区域已有 98.88％的学校接入国家智慧教育平台；智慧教学创新实践方向的培育区域已有 96.78％的学校接入国家智慧教育平台；智慧教育治理转型方向的培育区域已有 95.05％的学校接入国家智慧教育平台；智慧教育评价改革方向的培育区域已有 98.14％的学校接入国家智慧教育平台；智慧人才队伍建设方向的培育区域全部学校接入国家智慧教育平台。

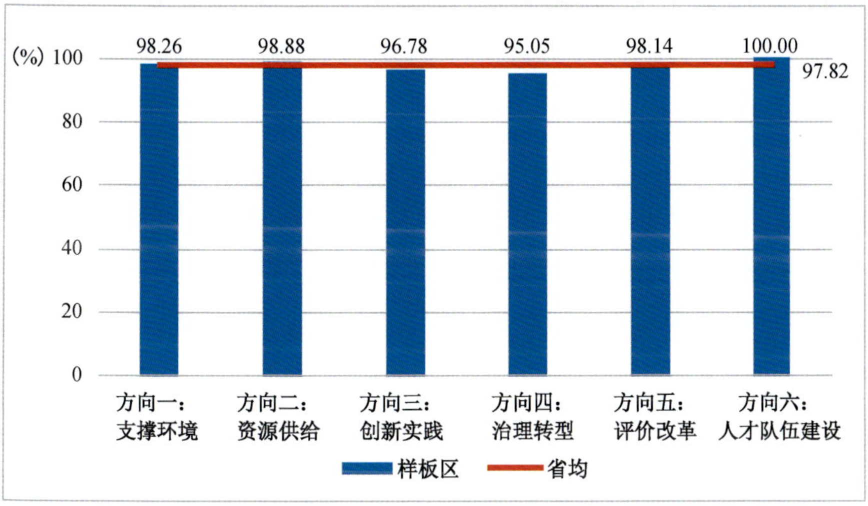

图 4－7　接入国家智慧教育平台情况

江苏省智慧教育样板区培育区域的学校在教育教学各环节经常应用的国家智慧教育平台场景情况如图 4－8 所示。截至 2024 年底，94.72％的学校在教师备课授课环节会应用国家智慧教育平台，87.33％的学校在教师研修培训环节会应用国家智慧教育平台，87.02％的学校在学生自主学习环节会应用国家智慧教育平台，70.47％的学校在课后服务支持环节会应用国家智慧教育平台，64.57％的学校在学生答疑辅导环节会应用国家智慧教育平台。

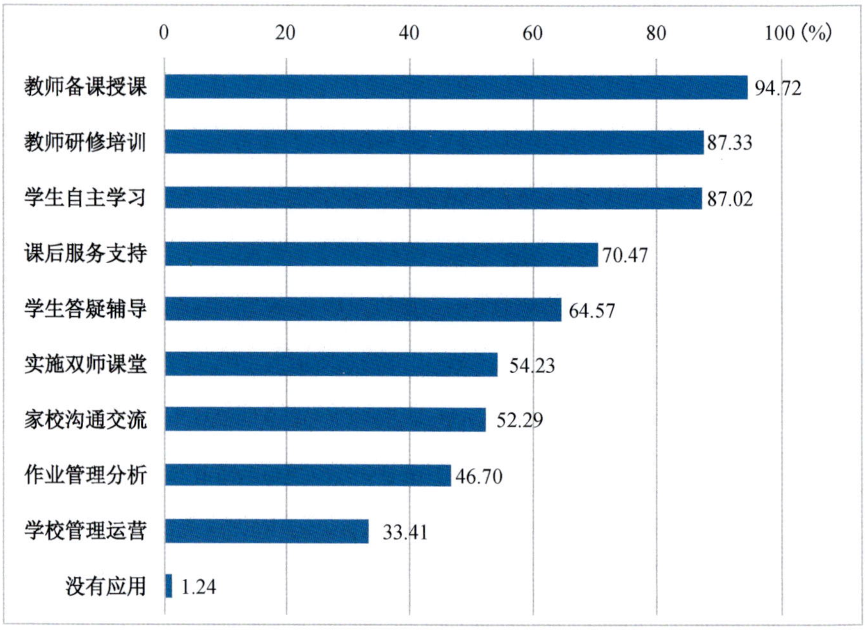

图 4－8　在教育教学各环节经常应用的国家智慧教育平台场景情况

江苏省智慧教育样板区培育区域的学校学生利用智慧教育平台体系开展学习情况如图 4－9 所示。截至 2024 年底，几乎 100％的学生利用智慧教育平台体系学习的学校比例达到 47.16％，90％左右的学生利用智慧教育平台体系学习的学校比例达到 26.03％，70％左右的学生利用智慧教育平台体系学习的学校比例达到 10.41％，50％左右的学生利用智慧教育平台体系学习的学校比例达到 7.54％，少于 50％的学生利用智慧教育平台体系学习的学校比例达到 8.86％。

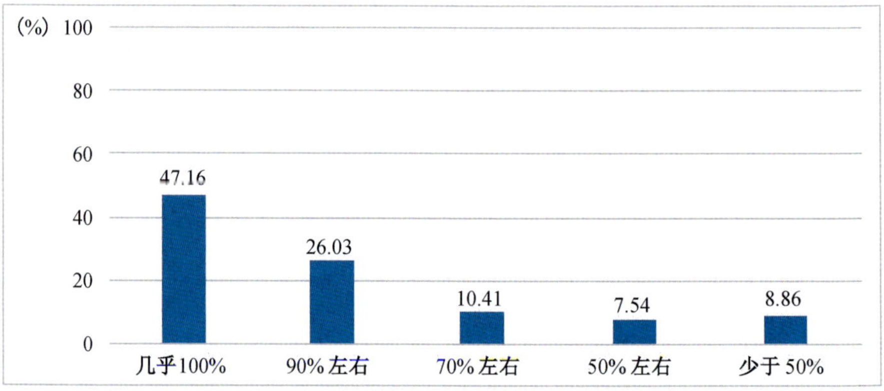

图 4－9　利用智慧教育平台体系开展学习情况

江苏省智慧教育样板区培育区域的学校对生成式人工智能应用工具支持的情况如图 4-10 所示。截至 2024 年底，81.90%的学校支持将生成式人工智能应用工具应用于教师备课，71.56%的学校支持将生成式人工智能应用工具应用于课堂教学，49.42%的学校支持将生成式人工智能应用工具应用于事务管理，48.25%的学校支持将生成式人工智能应用工具应用于学业评价，有 14.53%的学校暂不支持使用生成式人工智能应用工具。

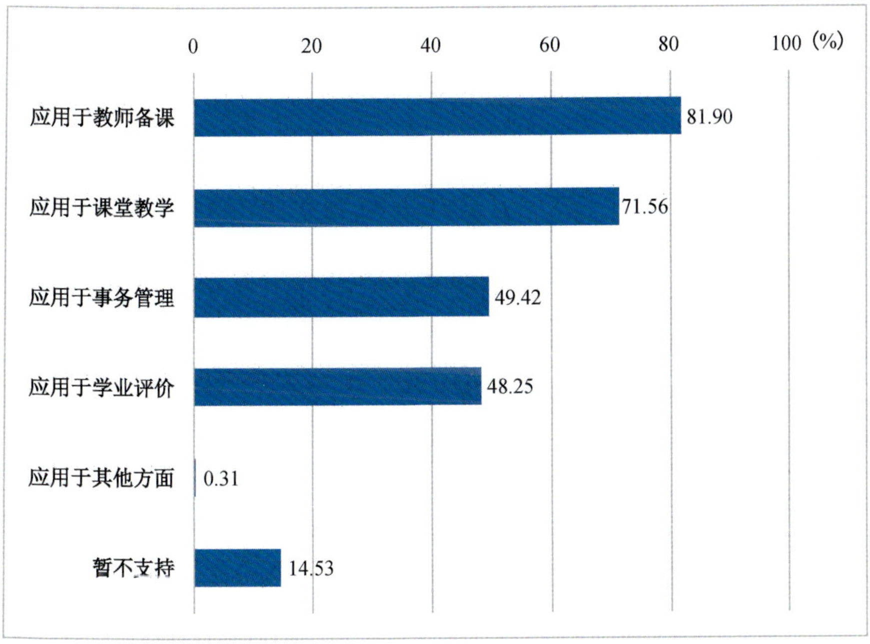

图 4-10　对生成式人工智能应用工具支持的情况

江苏省智慧教育样板区培育区域的学校建有省级网络名师工作室及开展网络研修情况如图 4-11 所示。至 2024 年底，有 13.99%的学校已建有省级网络名师工作室并开展常态化网络研修；1.09%的学校已建有省级网络名师工作室但偶尔开展网络研修；48.87%的学校参与到其他省级网络名师工作室并开展常态化网络研修；仍有 36.05%的学校未建设或参与省级网络名师工作室。

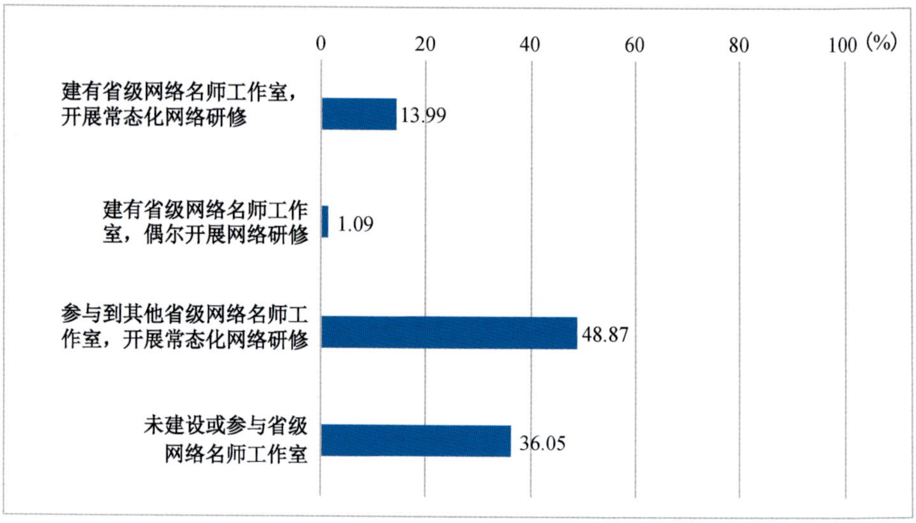

图 4-11 建有省级网络名师工作室及开展网络研修情况

江苏省智慧教育样板区培育区域的学校智慧教育建设应用及前瞻性研究获得省级以上表彰的情况如图 4-12 所示。截至 2024 年底，智慧教育支撑环境方向培育区域校均已有 0.66 项表彰成果；智慧教育资源供给方向培育区域校均已有 0.37 项表彰成果；智慧教学创新实践方向培育区域校均已有 0.50 项表彰成果；智慧教育治理转型方向培育区域校均已有 0.34 项表彰成果；智慧教育评价改革方向培育区域校均已有 0.56 项表彰成果；智慧人才队伍建设方向培育区域校均已有 0.39 项表彰成果。

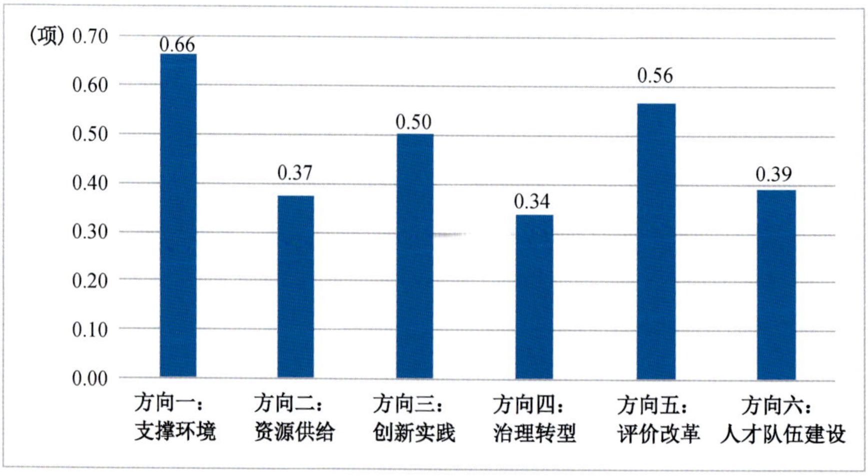

图 4-12 智慧教育建设应用及前瞻性研究获得省级以上表彰的情况

江苏省智慧教育样板区培育区域的学校智慧教育建设应用及前瞻性研究优秀成果案例的情况如图 4－13 所示。截至 2024 年底，智慧教育支撑环境方向培育区域校均已有 0.47 项优秀成果案例；智慧教育资源供给方向培育区域校均已有 0.48 项优秀成果案例；智慧教学创新实践方向培育区域校均已有 1.42 项优秀成果案例；智慧教育治理转型方向培育区域校均已有 0.36 项优秀成果案例；智慧教育评价改革方向培育区域校均已有 0.52 项优秀成果案例；智慧人才队伍建设方向培育区域校均已有 0.29 项优秀成果案例。

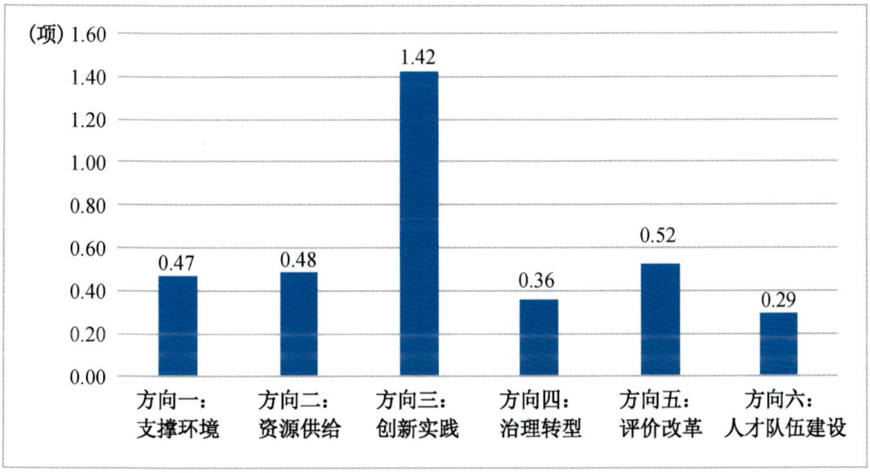

图 4－13　智慧教育建设应用及前瞻性研究优秀成果案例的情况

4.2.4 教育保障

江苏省智慧教育样板区培育区域的教师参与省级数字技术应用能力培训的情况如图 4－14 所示。截至 2024 年底，智慧教育支撑环境方向培育区域参与省级信息技术应用能力培训的教师占比 81.61%；智慧教育资源供给方向培育区域参与省级信息技术应用能力培训的教师占比 96.10%；智慧教学创新实践方向培育区域参与省级信息技术应用能力培训的教师占比 74.26%；智慧教育治理转型方向培育区域参与省级信息技术应用能力培训的教师占比 83.71%；智慧教育评价改革方向培育区域参与省级信息技术应用能力培训的教师占比 87.57%；智慧人才队伍建设方向培育区域参与省级信息技术应用能力培训的教师占比 88.48%。

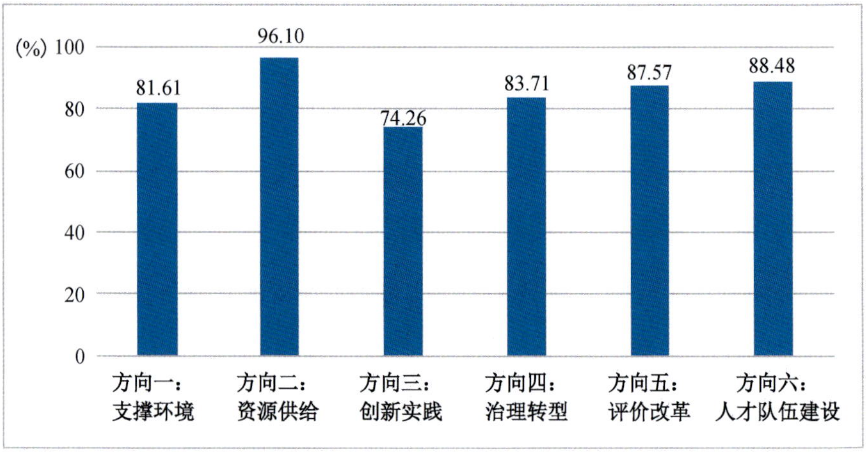

图 4－14　教师参与省级信息技术应用能力培训的情况

江苏省智慧教育样板区培育区域的教师参与省级数字技术应用能力培训合格的情况如图 4－15 所示。截至 2024 年底，智慧教育支撑环境方向培训合格的教师占比为 85.91%；智慧教育资源供给方向培训合格的教师占比为 97.11%；智慧教学创新实践方向培训合格的教师占比为 78.56%；智慧教育治理转型方向培训合格的教师占比为 79.16%；智慧教育评价改革方向培训合格的教师占比为 89.85%；智慧人才队伍建设方向培训合格的教师占比为 91.31%。

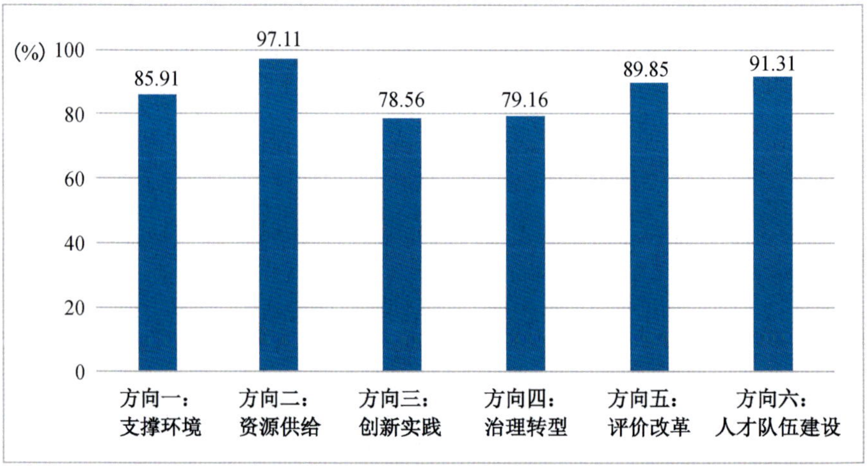

图 4－15　教师参与省级信息技术应用能力培训合格的情况

江苏省智慧教育样板区培育区域的教育部门数字化管理人员配备情况如图4－16所示。截至2024年底，各培育区域教育部门配备数字化管理人员平均为2.83人。

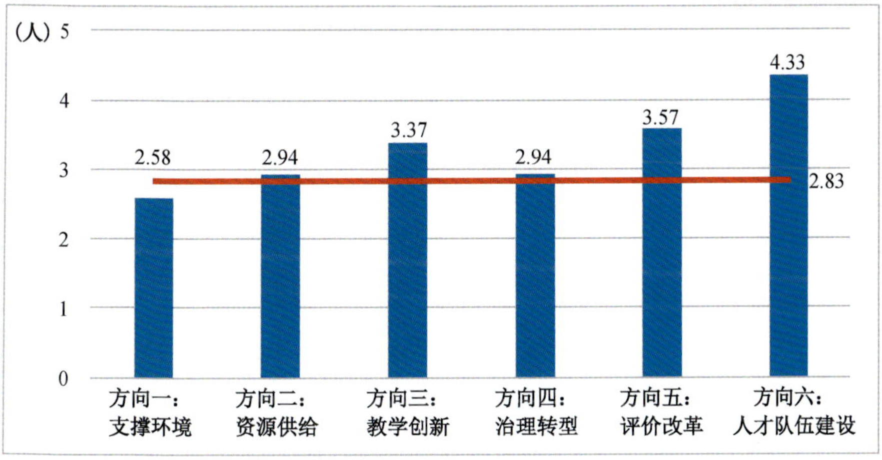

图4－16　教育部门数字化管理人员配备情况

4.3 智慧教育支撑环境

4.3.1 教育专网

江苏省智慧教育支撑环境方向培育区域的学校校园门户网站建设情况如图4－17所示。截至2024年底，学校校园门户网站实现一站式校内教育服务的有62.17％；尚未建校园门户网站的仍占32.17％。

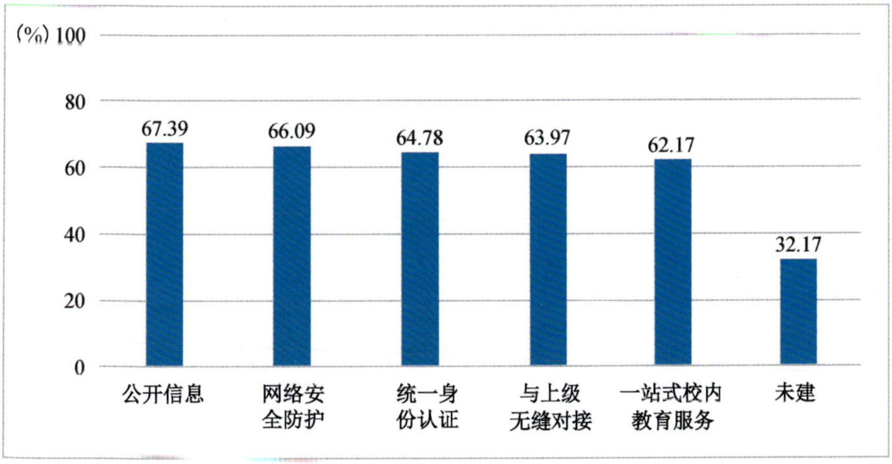

图4－17　校园门户网站建设情况

4.3.2 教育平台

江苏省智慧教育支撑环境方向培育区域的学校创新应用智能技术的情况如图 4－18 所示。截至 2024 年底，已有 94.35％的学校能够实现资源共享；有 82.17％的学校能够实现网络教研；有 80.87％的学校能够实现学习支持；有 57.39％的学校能够实现监测评价；有 48.26％的学校能够实现管理决策。

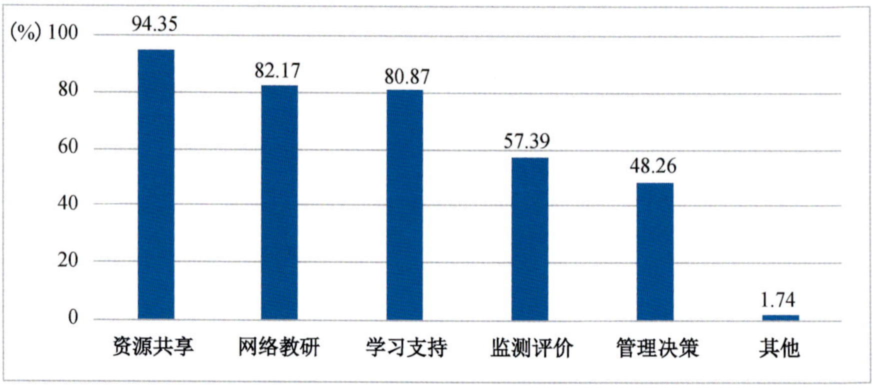

图 4－18　创新应用智能技术情况

4.3.3 教学空间

江苏省智慧教育支撑环境方向培育区域的学校新型教学空间建设情况如图 4－19 所示。截至 2024 年底，已有 76.52％的学校建有智慧教室；有 59.57％的学校建有智慧图书馆；有 53.91％的学校建有网络研修教研室；有 44.35％的学校建有智慧实验室。

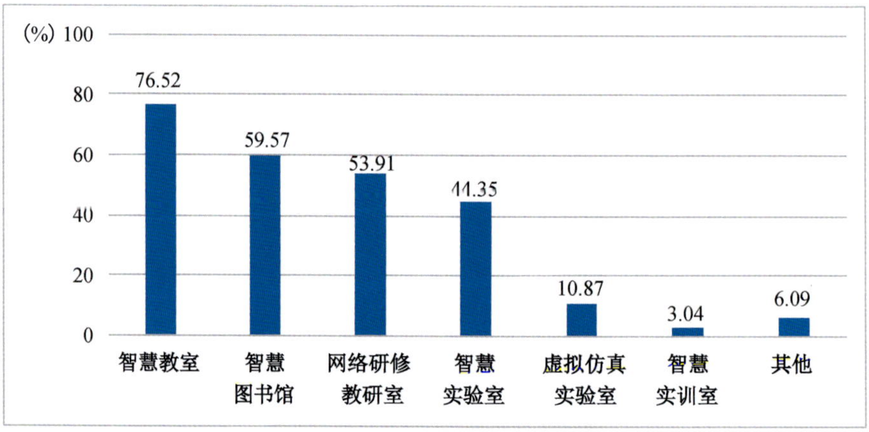

图 4－19　新型教学空间建设情况

江苏省智慧教育支撑环境方向培育区域的学校在运用智能技术取得良好成效的应用场景情况如图 4－20 所示。截至 2024 年底，已有 59.13％的学校在基于数字化学习终端，支持学生开展随时随地的泛在学习方面取得良好成效；已有 57.39％的学校在基于 5G 等技术的直播互动教学、在线实验教学、虚拟实习培训等方面取得良好成效；已有 51.74％的学校在精细管理校内设施及师生活动空间，为学生提供在线预约等便捷服务方面取得良好成效；已有 48.70％的学校通过人群动态感知等技术，对餐厅就餐、校园安全等事件进行监测预警；已有 43.91％的学校在基于物联网技术，对能源系统进行智能化调度取得良好成效；已有 42.61％的学校在探索数字孪生学校、数字联盟学校的构建方式方面取得良好成效；但仍有 16.96％的学校尚未在教育教学场景中能够取得良好的应用效果。

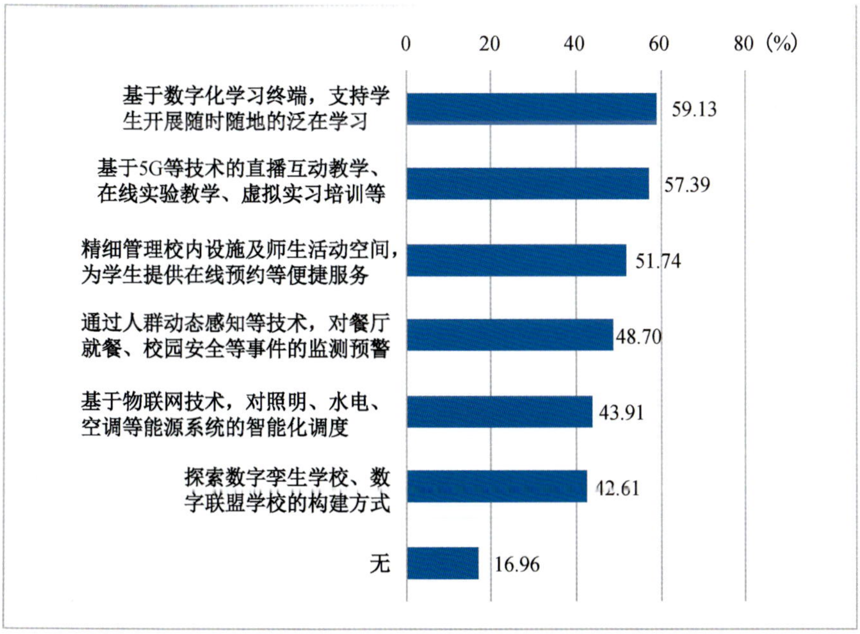

图 4－20　运用智能技术取得良好成效的应用场景情况

江苏省智慧教育支撑环境方向培育区域的学校在引导学生合理使用数字化学习终端的措施情况如图 4－21 所示。截至 2024 年底，有 89.13％的学校能够开展安全使用电子设备与网络安全教育主题学习；有 86.52％的学校能够开展家校沟通，形成家校协同管理；有 86.09％的学校能够提升学生数字素养和自我管理能力，加强防范意识;有 71.74%的学校已经建立数字化学习终端的使用规范;有 54.78%的学校实现数字化学习终端的远程管理。

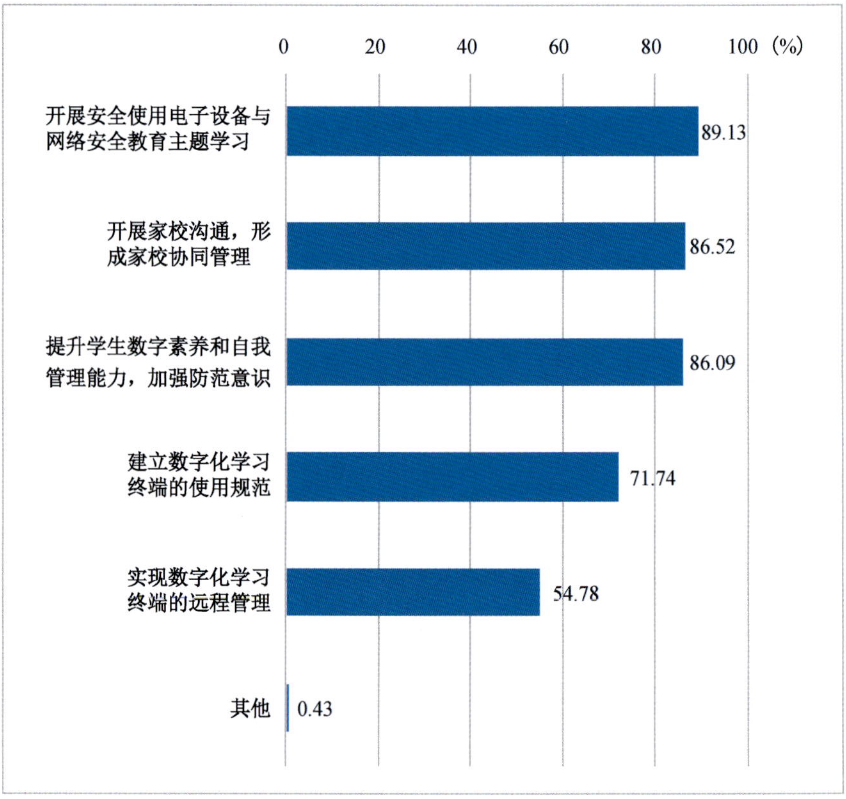

图 4-21　引导学生合理使用数字化学习终端的措施情况

4.4 智慧教育资源供给

4.4.1 资源建设与应用

江苏省智慧教育资源供给方向培育区域的学校数字教育资源建设情况如图 4-22 所示。截至 2024 年底，超过 86%的学校建有智育资源和德育资源;有 83.71%的学校建有网络思政课程;有 83.15%的学校建有美育资源;有 79.78%的学校建有党史教育资源;有 78.09%的学校建有体育资源;建有虚拟仿真实验资源和智能工具等新型资源的学校超过 30%;但仍有 0.56%的学校尚未建有数字教育资源。

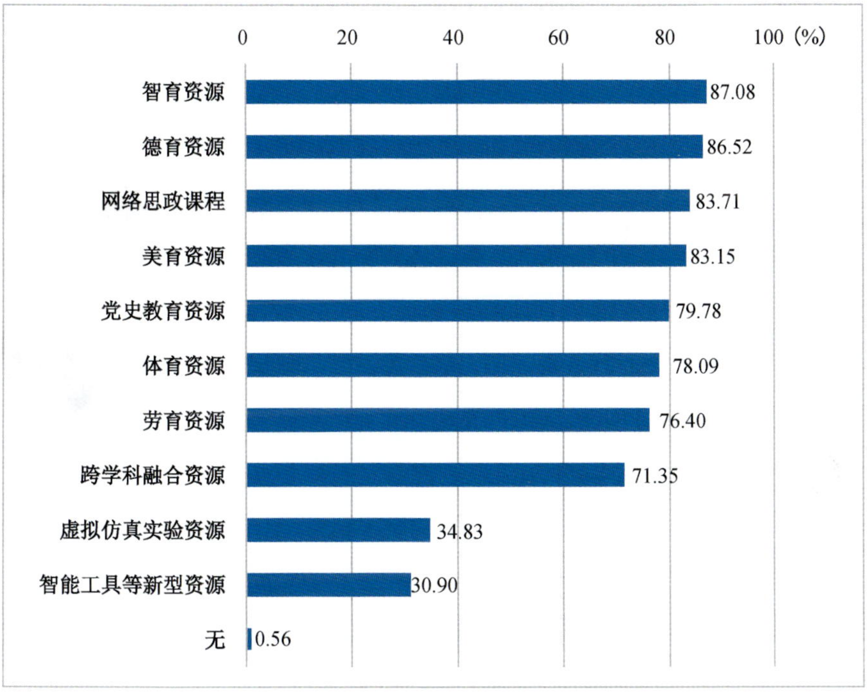

图 4－22　数字教育资源建设情况

江苏省智慧教育资源供给方向培育区域的学校建有与教材完整配套的数字教育资源的学科覆盖率情况如图 4－23 所示。截至 2024 年底，已有 32.58％的学校其学科覆盖率为 90％以上；有 52.25％的学校其学科覆盖率为 60％～90％；有 14.61％的学校其学科覆盖率为 30％～60％；有 0.56％的学校其学科覆盖率为 0～30％。

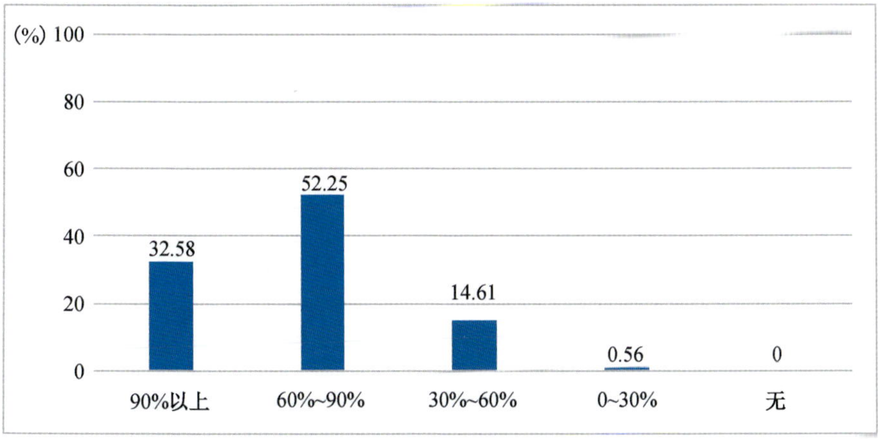

图 4－23　建有与教材完整配套的数字教育资源的学科覆盖率情况

江苏省智慧教育资源供给方向培育区域的学校利用数字教育资源开展教育应用的情况如图 4－24 所示。截至 2024 年底，已有 89.33％的学校应用于名师空中课堂；有 85.96％的学校应用于学校课后服务；有 84.27％的学校应用于国家或省级智慧教育平台建设；有 76.40％的学校应用于打造网络思政教育共同体；有 68.54％的学校应用于教师精准教学和开展城乡结对互动课堂；有 60.11％的学校应用于学生个性化学习；有 55.06％的学校应用于建设网络名师工作室；有 37.64％的学校应用于开展师生沉浸式探究活动。

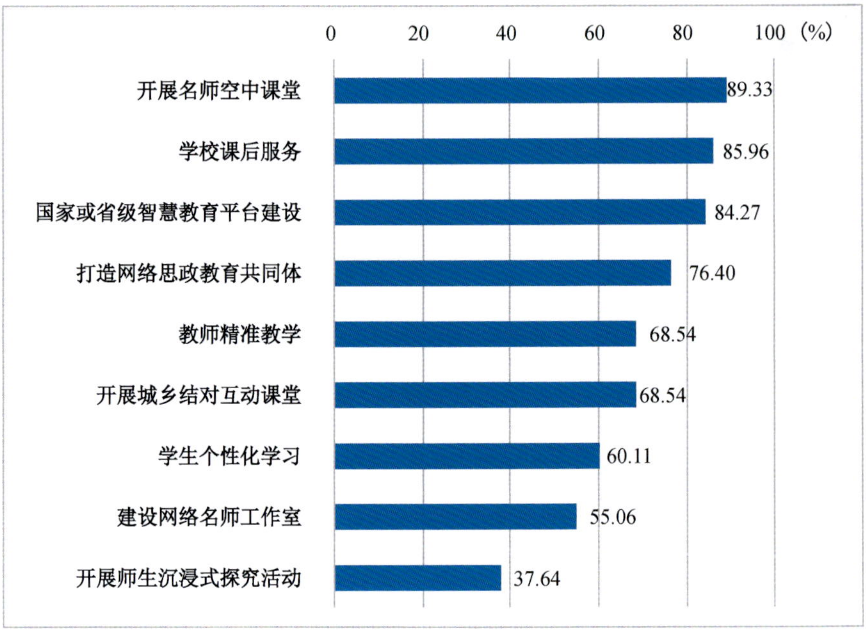

图 4－24　利用数字教育资源开展教育应用的情况

4.4.2 资源协同供给

江苏省智慧教育资源供给方向培育区域的学校数字教育资源主要来源情况如图 4－25 所示。截至 2024 年底，有 89.89％的学校数字教育资源来源于校本资源；有 83.71％的学校数字教育资源来源于国家或省级平台建设的开放资源；有 79.21％的学校数字教育资源来源于校际共建的优质特色课程资源；有 65.73％的学校数字教育资源来源于购买的社会化、市场化优质资源；有 58.99％的学校数字教育资源来源于学校与社会机构之间共建的优质特色课程资源。

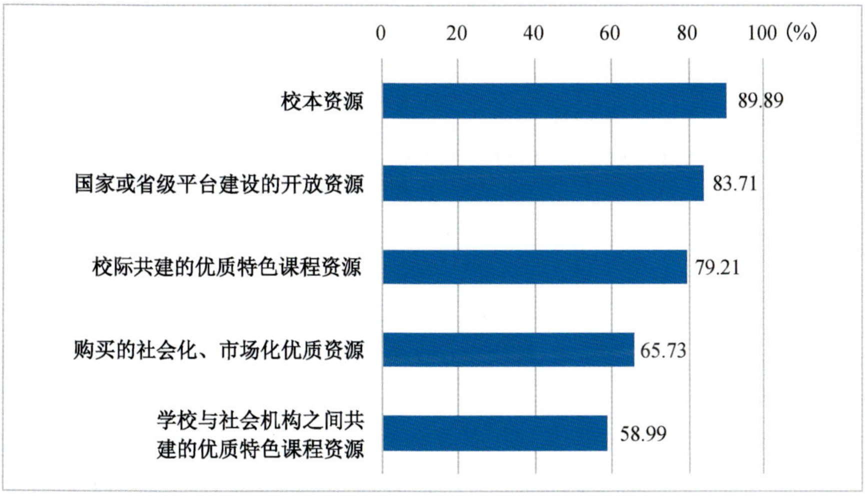

图 4－25　数字教育资源主要来源情况

江苏省智慧教育资源供给方向培育区域的学校数字教育资源保障机制的情况如图 4－26 所示。截至 2024 年底，86.52％的学校能够拓展多主体参与、多渠道供给、多形式服务的供给体系；有 85.96％的学校能够提高资源平台的智能化、个性化、精准化与高效管理；有 84.27％的学校能够创新优质资源共建共享机制；有 52.81％的学校能够探索建立多方协同的资源质量监管体系。

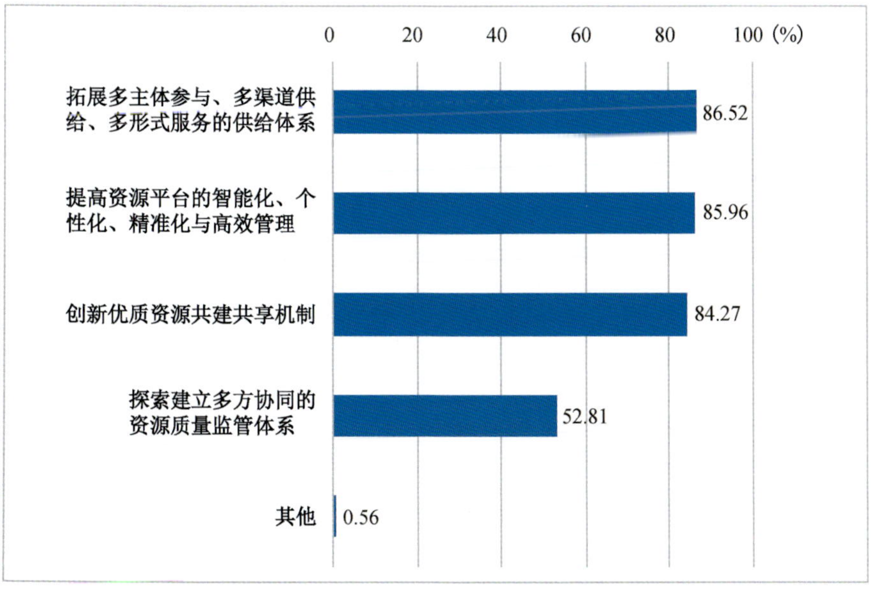

图 4－26　数字教育资源保障机制的情况

4.5 智慧教学创新实践

4.5.1 智慧教学

江苏省智慧教学创新实践方向培育区域的学校网络空间常用功能的情况如图 4－27 所示。截至 2024 年底，已有 93.57％的学校利用网络空间进行资源共享；有 87.72％的学校利用网络空间进行学籍管理；有 87.43％的学校利用网络空间进行教师管理；有 78.07％的学校利用网络空间进行教务管理；有 73.98％的学校利用网络空间进行家校互动；有 52.34％的学校利用网络空间进行学习生涯记录；但仍有 1.75％的学校没有使用网络空间。

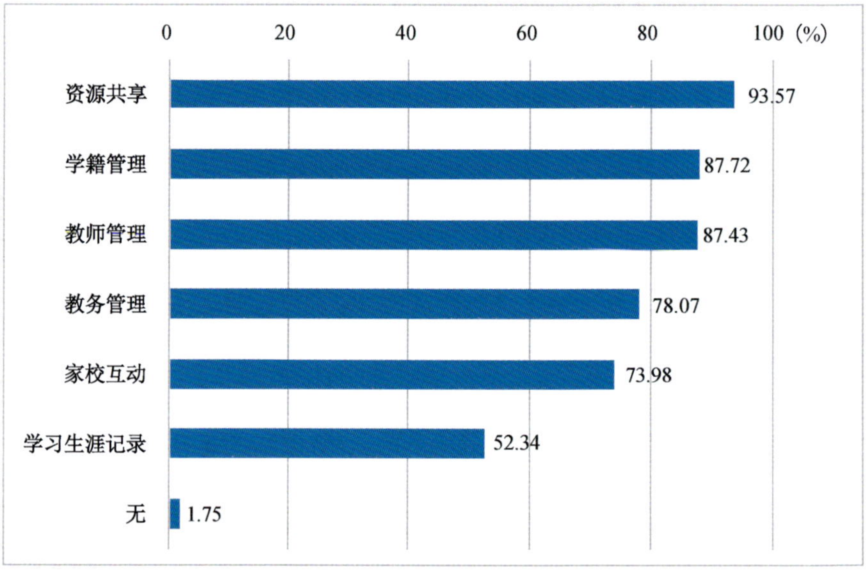

图 4－27　网络空间常用功能

江苏省智慧教学创新实践方向培育区域的学校教师使用网络空间的常用功能情况如图 4－28 所示。截至 2024 年底，有 92.98％的学校教师使用网络空间进行备课；有 92.40％的学校教师使用网络空间进行资源共享；有 92.11％的学校教师使用网络空间进行网络研修；有 83.92％的学校教师使用网络空间进行授课；有 76.90％的学校教师使用网络空间进行家校互动；有 71.93％的学校教师使用网络空间进行师生互动；有 44.15％的学校教师使用网络空间进行作业批改、考试和测验。仍有 0.88％的学校教师尚未利用网络空间的功能。

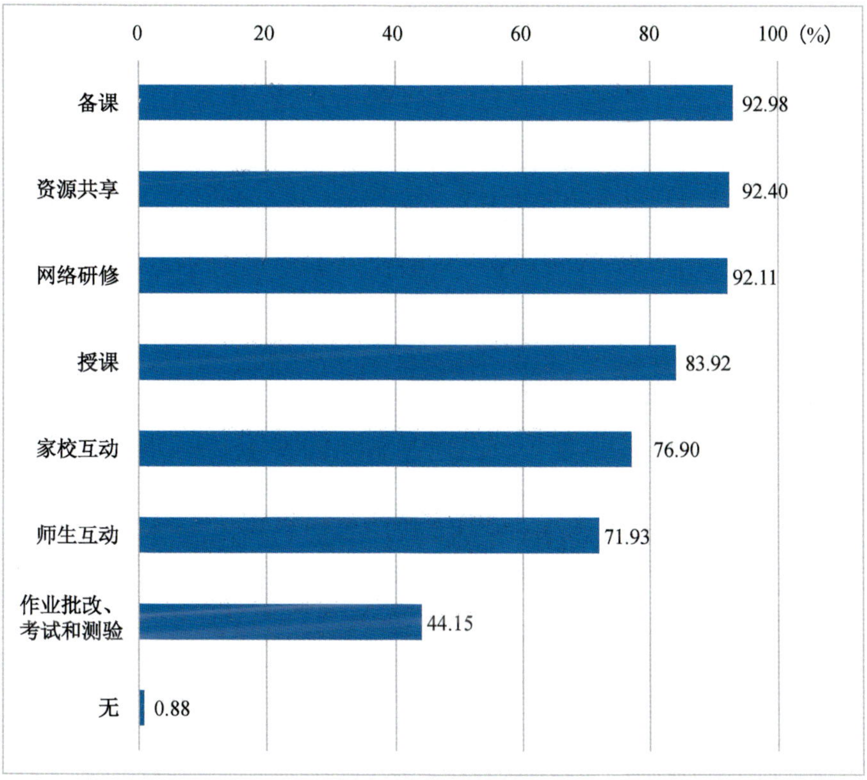

图 4－28　教师使用网络空间的常用功能

江苏省智慧教学创新实践方向培育区域的学校学生使用网络学习空间的常用功能情况如图 4－29 所示。截至 2024 年底，已有 75.15％的学校学生使用网络学习空间进行拓展阅读；有 74.85％的学校学生使用网络学习空间进行课前预习；有 72.51％的学校学生使用网络学习空间进行课后复习；有 72.22％的学校学生使用网络学习空间进行课堂活动；有 69.30％的学校学生使用网络学习空间进行协作学习；有 62.28％的学校学生使用网络学习空间进行师生互动；有 47.66％的学校学生使用网络学习空间进行作业、考试和测验；有 43.27％的学校学生使用网络学习空间进行课外活动。仍有 1.75％的学校学生尚未使用网络学习空间进行学习。

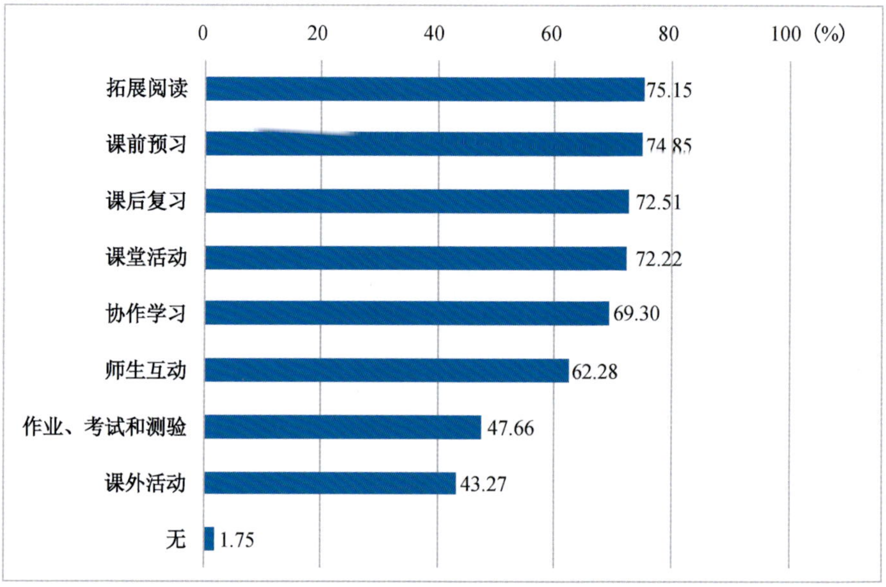

图 4－29　学生使用网络学习空间的常用功能

江苏省智慧教学创新实践方向培育区域的学校形成优秀案例的情况如图 4－30 所示。截至 2024 年底，已有 57.31％的学校形成了创新新一代信息技术与音体美劳课程的智能化教学模式优秀案例；有 54.68％的学校形成了推广普及智慧课堂，探索虚拟现实、人工智能、5G 等新技术教学应用优秀案例；有 50.29％的学校形成了探索大数据支持的教学改革优秀案例；有 40.06％的学校形成了开创智能助教等教育应用的试点示范优秀案例。

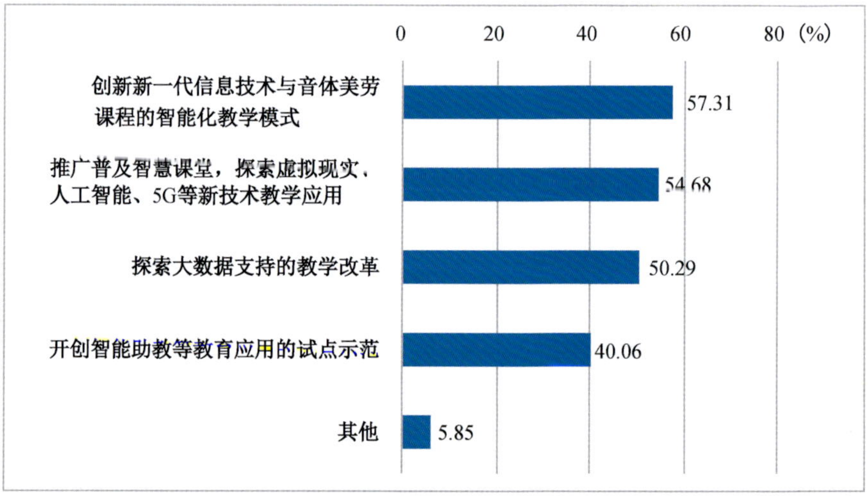

图 4－30　形成优秀案例的情况

4.5.2 弹性学习

江苏省智慧教学创新实践方向培育区域的学校探索围绕技术支持下的智慧教学实践情况如图 4－31 所示。截至 2024 年底，已有 79.53％的学校开展了智慧课堂的教学实践；有 63.45％的学校开展了个性化教学；有 61.99％的学校开展了项目式教学；有 61.70％的学校开展了跨学科教学；有 58.77％的学校开展了线上线下混合式教学；有 46.20％的学校开展了翻转课堂；有 44.15％的学校开展了同步课堂（双师教学）；有 40.94％的学校开展了创客教育；有 40.06％的学校开展了体验式教学；有 36.84％的学校开展了 STEM 教育；仅有 26.02％的学校开展了泛在学习。

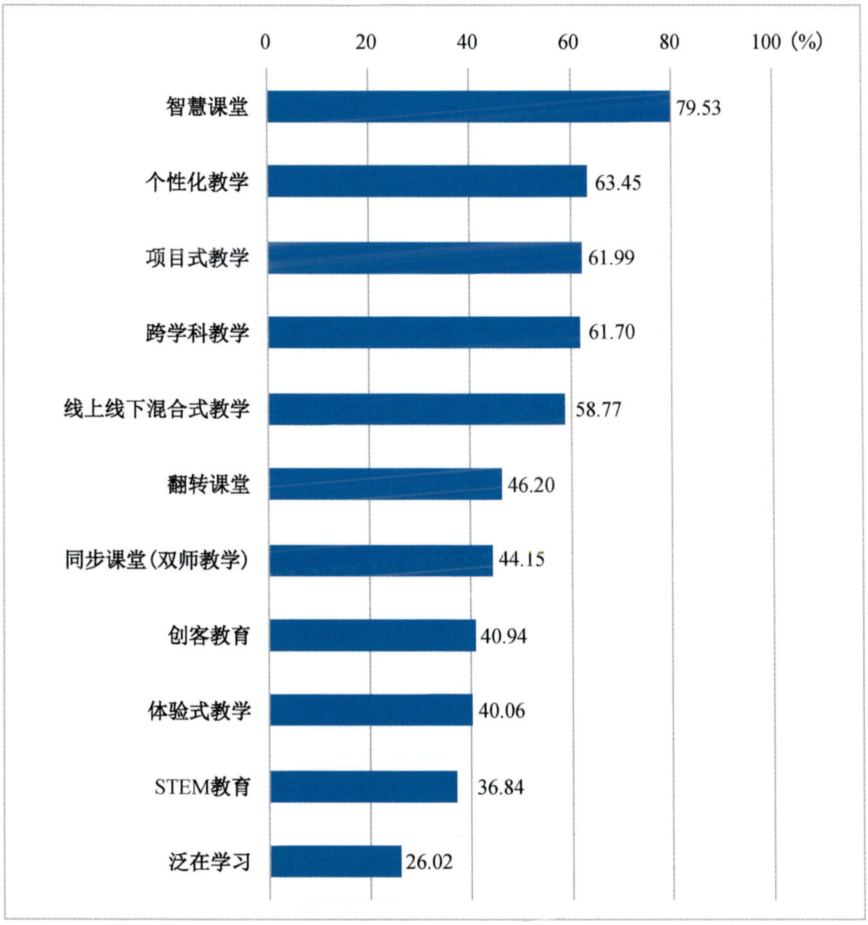

图 4－31　探索围绕技术支持下的智慧教学实践情况

4.5.3 智慧作业管理

江苏省智慧教学创新实践方向培育区域的学校探索智慧作业管理的情况如图 4－32 所示。截至 2024 年底，已有 71.05％的学校进行了作业科学化设计与分发；有 57.89％的学校进行了在线作业辅导与答疑；部分学校开展了作业自动化批阅、作业精准反馈、作业数据高效收集、作业智能分析与诊断、作业时间管控；有 20.18％的学校进行了作业负担动态监测。

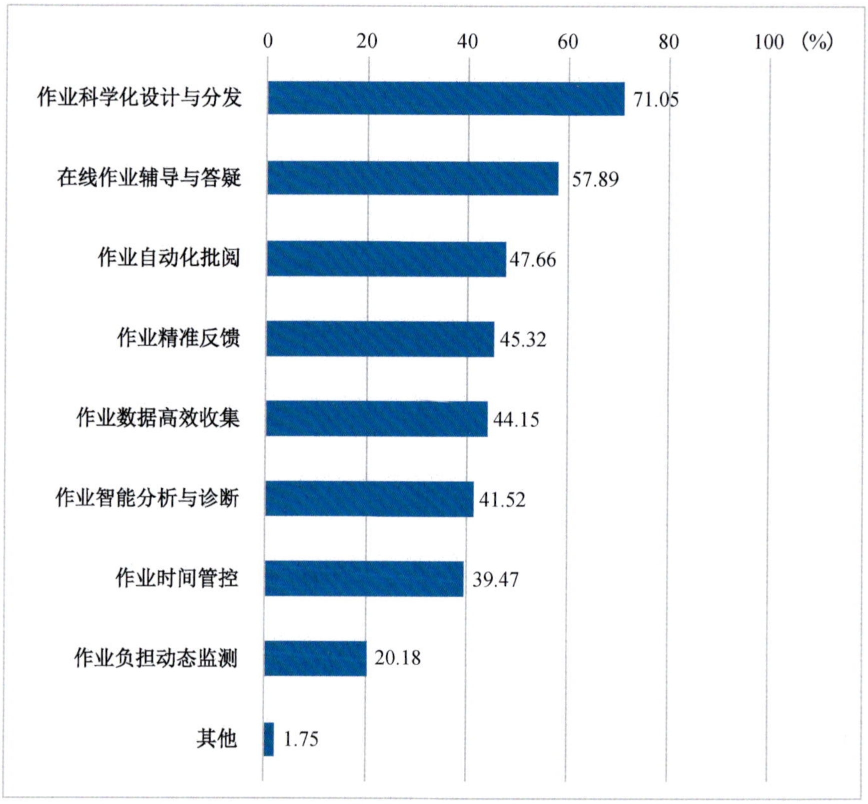

图 4－32　探索智慧作业管理的情况

4.6 智慧教育治理转型

4.6.1 教育数据大脑

江苏省智慧教育治理转型方向培育区域的学校教育数据大脑平台对接数据情况如图 4－33 所示。截至 2024 年底，已有 52.48％的学校实现了核心数据对接；有 30.69％的学校实现了全部数据对接；仍有 0.99％的学校尚未形成数据对接。

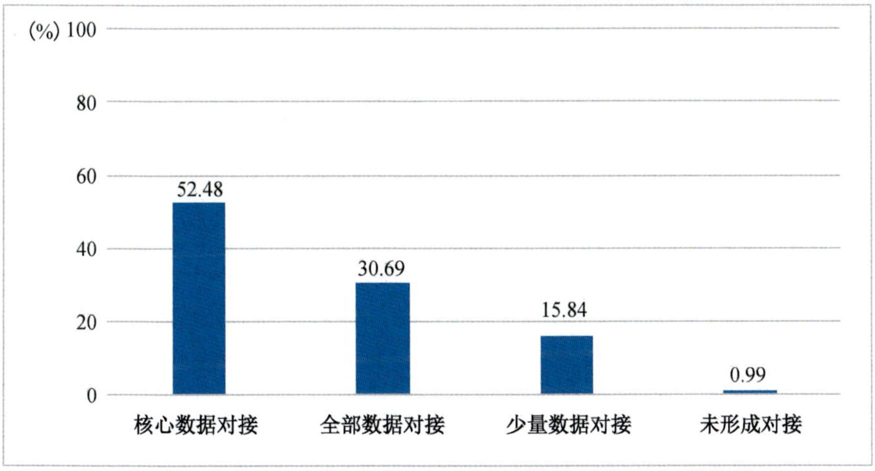

图 4－33　教育数据大脑平台对接数据情况

4.6.2“互联网＋教育”政务与监管服务

江苏省智慧教育治理转型方向培育区域的学校在“互联网＋教育”政务服务和监管服务方面的探索情况如图 4－34 所示。截至 2024 年底，已有 96.04％的学校应用阳光食堂、阳光招生等平台；有 93.07％的学校利用协同办公、移动办公、视频会议等新型办公形式；但仅有 42.57％的学校能够利用基于大数据的审计监督。

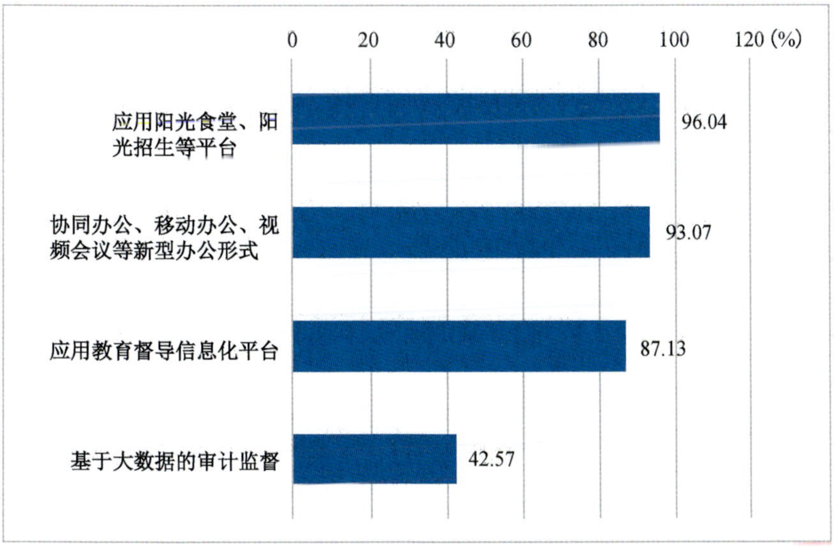

图 4－34　在“互联网＋教育”政务服务和监管服务方面的探索情况

4.6.3 身心健康智能监测

江苏省智慧教育治理转型方向培育区域的学校在开展身心健康智能监测方面的探索情况如图 4－35 所示。截至 2024 年底，已有 93.07％的学校建立了学生体质健康数字档案；有 59.41％的学校构建了学生心理健康评价模型；仅有 17.82％的学校利用可穿戴设备无感式伴随式采集学生体育活动等数据。

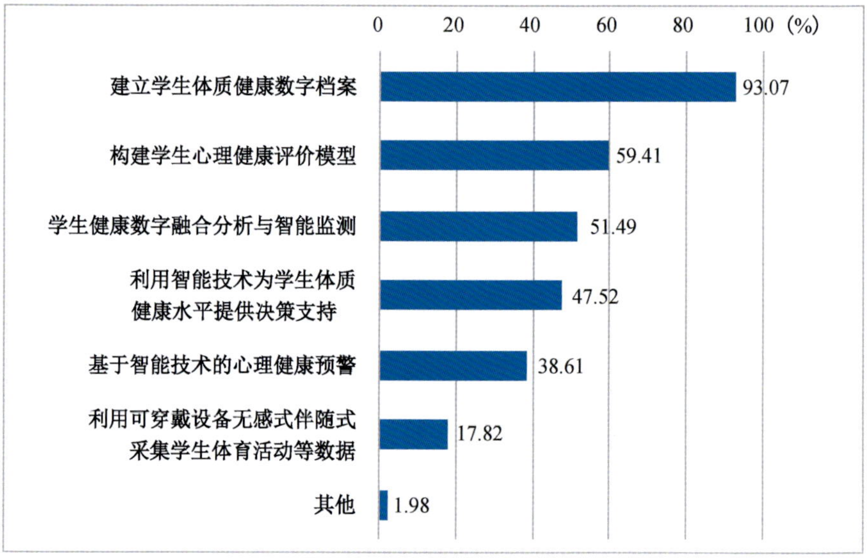

图 4－35　在开展身心健康智能监测方面的探索情况

江苏省智慧教育治理转型方向培育区域的学校学生近视率和肥胖率如图 4－36 所示。截至 2024 年底，学生近视率为 51.35％；肥胖率为 14.30％。

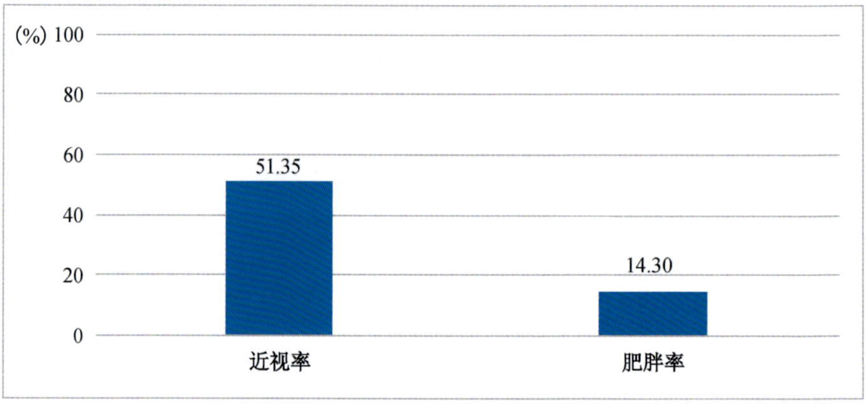

图 4－36　学生近视率与肥胖率

4.7 智慧教育评价改革

4.7.1 数据库建设

江苏省智慧教育评价改革方向培育区域的学校校园数据库数据类型情况如图4-37所示。截至2024年底,已有85.09%的学校校园数据库包括学校管理数据;有72.98%的学校校园数据库包括学生成长数字档案;但仅有53.42%的学校校园数据库包括学校办学方向数据。

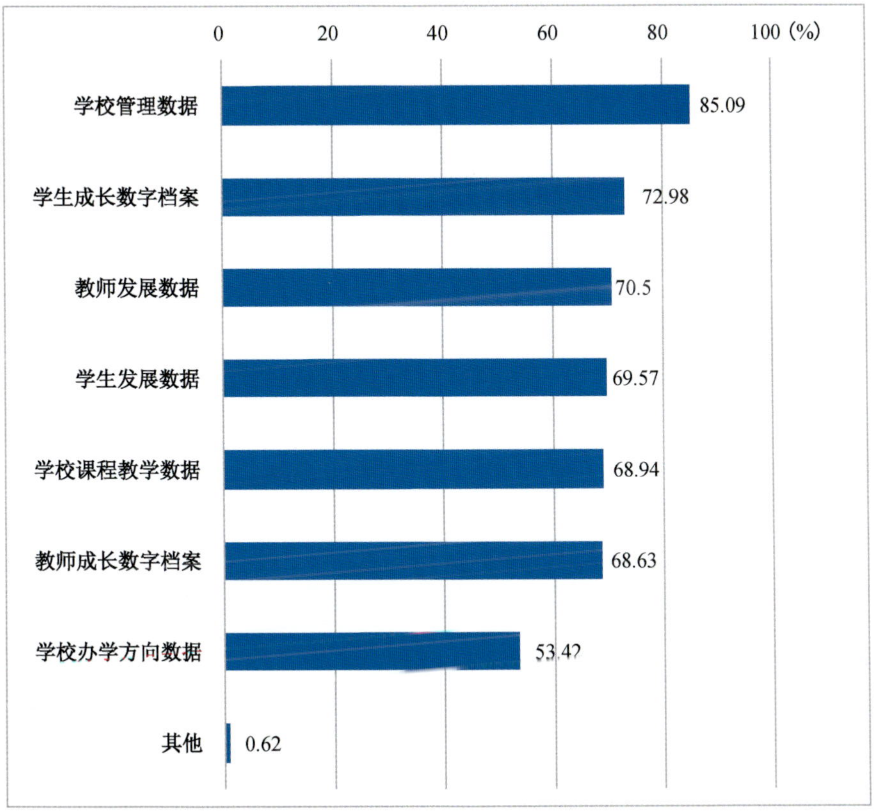

图 4-37　校园数据库数据类型情况

4.7.2 评价系统

江苏省智慧教育评价改革方向培育区域的学校运用智能系统实现智慧教育评价改革的情况如图4-38所示。截至2024年底,已有87.89%的学校运用了学生综合素质评价系统;有85.09%的学校运用了学业质量监测平台;运用课堂教学智能分析系统的学校较少,占比为50.31%。

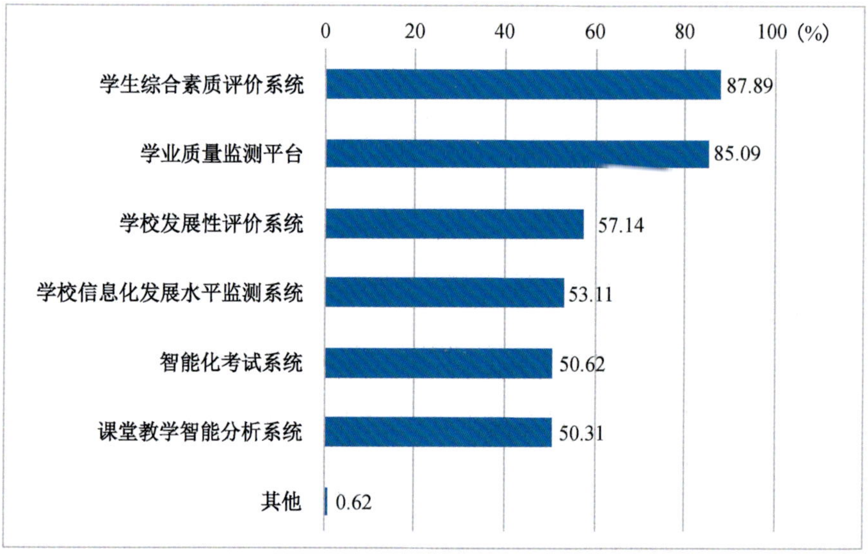

图 4－38　运用智能系统实现智慧教育评价改革的情况

4.7.3 评价应用

江苏省智慧教育评价改革方向培育区域的学校师生评价数据主要应用方向的情况如图 4－39 所示。截至 2024 年底，已有 90.68％的学校应用于学生发展；有 70.19％的学校应用于学校办学质量评判；学生生涯规划的应用最少，占比为 50.93％。

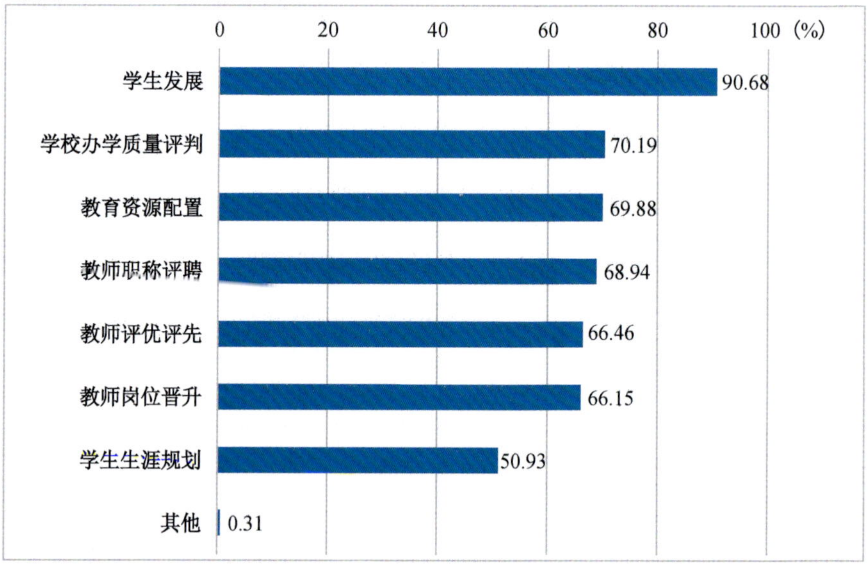

图 4－39　师生评价数据主要应用方向的情况

江苏省智慧教育评价改革方向培育区域的学校在智能技术赋能教学质量评价方面的探索情况如图 4－40 所示。截至 2024 年底，已有 89.75％的学校利用学业质量检测平台改进教学与管理工作；有 72.67％的学校探索艺术类、体育类、语言类或实验操作类考试的智能评测；在开展智能巡考监考方面，有 37.27％的学校进行了探索。

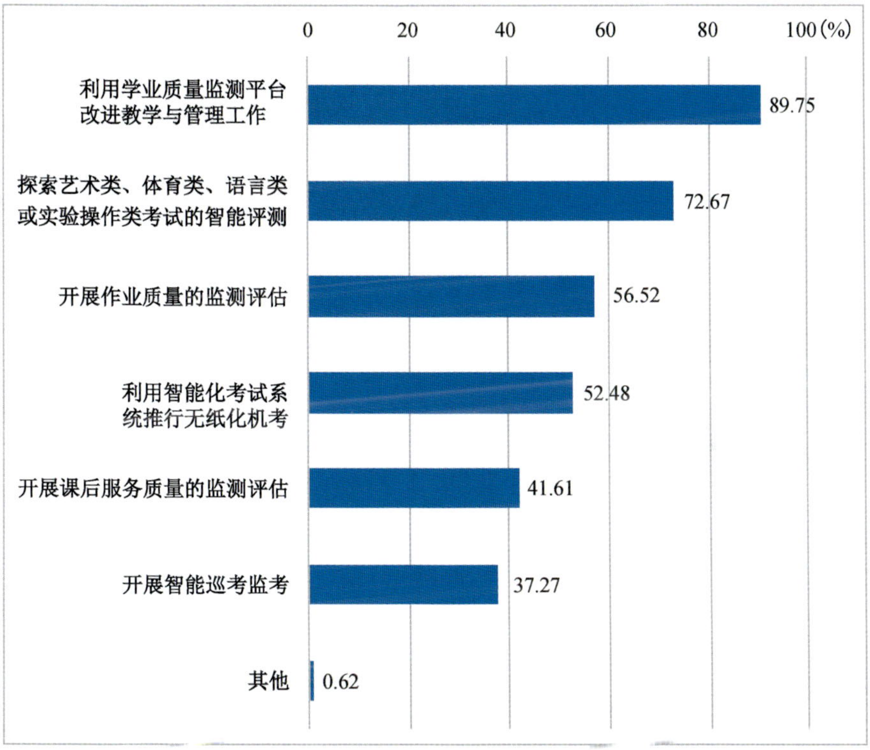

图 4－40　在智能技术赋能教学质量评价方面的探索情况

4.8 智慧人才队伍建设

4.8.1 师生数字素养

江苏省智慧人才队伍建设方向培育区域的学校采取提升教师数字素养的举措情况如图 4－41 所示。截至 2024 年底，已有 92.98％的学校能够开齐开足开好数字技术类综合实践课程、开展教师数字技术教学微能力点培训和考核，以及拓宽、拓深数字科技教育渠道和内容；有 90.35％的学校能够推进覆盖全体教师的数字素养培训；在开展学生数字素养动态监测和结果应用方面，探索的学校较少，占比为 61.40％。

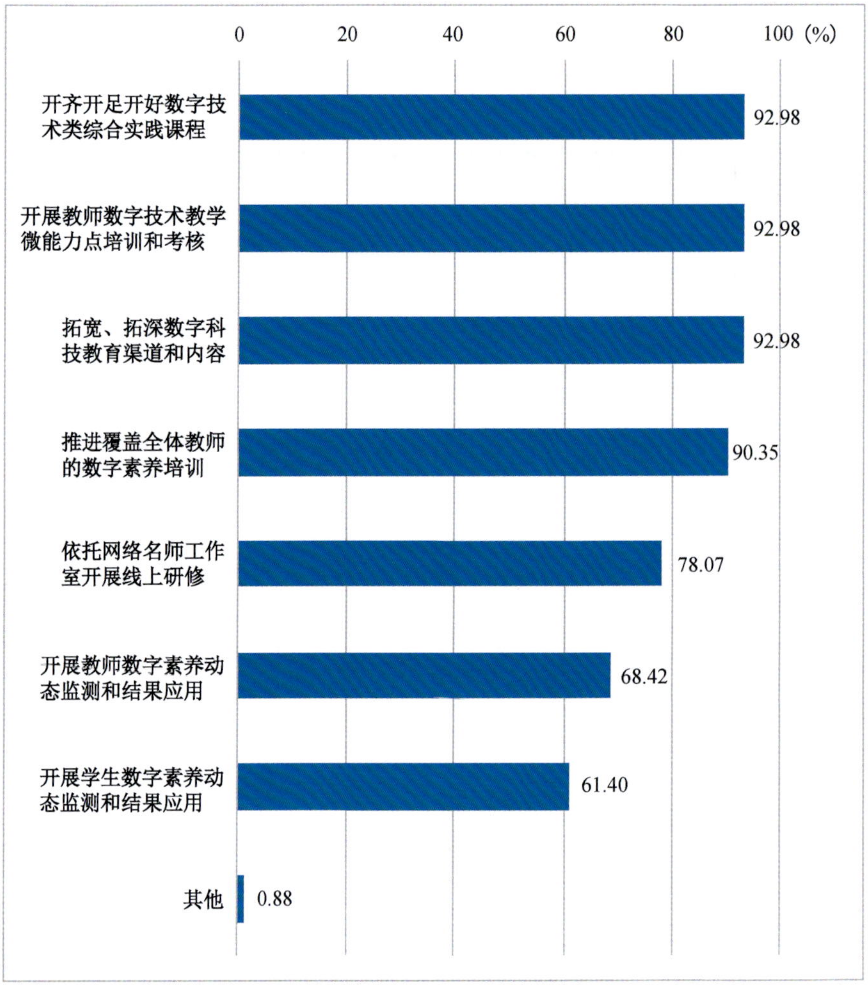

图 4－41　采取提升教师数字素养的举措情况

4.8.2 人工智能教育

江苏省智慧人才队伍建设方向培育区域的学校在人工智能教育方面取得成果的情况如图 4－42 所示。截至 2024 年底，已有 78.07％的学校取得了开展探索人工智能课程教学创新模式的成果；有 76.32％的学校取得了开展覆盖 45 周岁以下全体教师的智能教育素养培训的成果；有 44.74％的学校取得推进建设人工智能教育课程资源、实验硬件、网络平台等的成果。

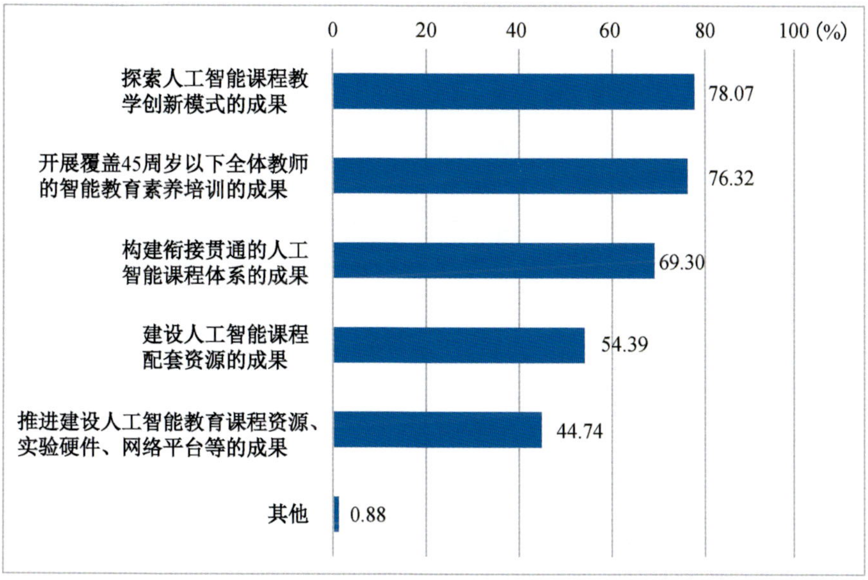

图 4-42　在人工智能教育方面取得成果的情况

江苏省智慧人才队伍建设方向培育区域的学校在教师智能研修方面工作情况如图 4-43 所示。截至 2024 年底，已有 87.72%的学校能够组建教师智能研修共同体并探索教师智能研修创新模式；有 78.95%的学校能够通过帮扶结对等形式助推教师智能教学能力提升；有 49.12%的学校能够构建智能网络研修平台。

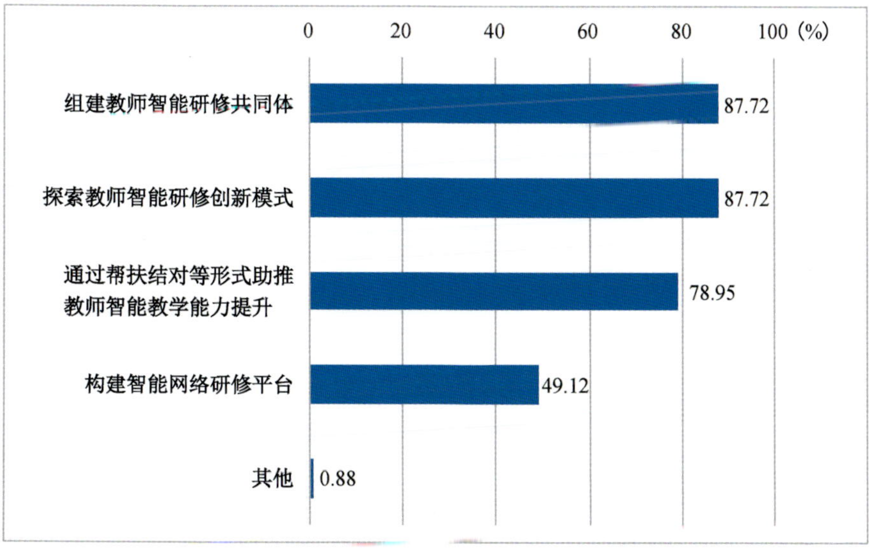

图 4-43　在教师智能研修方面工作情况

5. 中小学人工智能教育发展情况

为贯彻落实《教育部办公厅关于加强中小学人工智能教育的通知》要求，准确掌握江苏省中小学人工智能教育发展现状，为各地推进中小学人工智能教育提供决策参考，特编制此“中小学人工智能教育发展情况”专项报告。

本报告的数据主要源于三个方面：一是江苏省教育信息化与数据管理中心于 2025 年 1 月组织开展的中小学人工智能教育专题调研数据；二是调研问卷数据；三是其他有关方面获取的数据。由于信息获取渠道的局限性、信息的滞后性，如有不妥之处，请批评指正。

5.1 中小学人工智能教育基本情况

5.1.1 统筹部署

江苏省高度重视人工智能对教育的深刻影响，切实强化统筹部署。2025 年 4 月，省教育厅出台《人工智能赋能教育高质量发展行动方案（2025—2027 年）》，围绕基础教育、职业教育、高等教育等学段，聚焦师资队伍、科技创新、平台建设、教育治理等领域，明确了 22 条行动措施，致力于构建全要素融入、全学段覆盖、全链条贯通的改革生态，形成国内一流、江苏特色的人工智能赋能教育实践模式。其中，在基础教育方面，将出台中小学人工智能教育指导意见，全面推进中小学人工智能通识教育，切实把人工智能纳入“省、市、县、校”四级教研体系，支持中小学校运用人工智能技术赋能学校管理、教学改革、学业评价等方面工作创新。

在省级层面的大力推动下，各级教育部门纷纷谋划本地人工智能教育发展方向。南京市出台《中小学人工智能教育三年行动计划》，苏州市发布《“人工智能+

教育"行动方案》，两市均成立了人工智能教育研究(创新)中心，按下全面推进人工智能教育的"加速键"。无锡市梁溪区、徐州市云龙区等县(市、区)也出台了相关工作方案，明晰了区域人工智能赋能教育高质量发展的新路径。通过强化谋篇布局，全省推进中小学人工智能教育的思路更加清晰、目标更加明确、任务更加具体、氛围更加浓厚。

5.1.2 普及教育

2017年，江苏省发布《义务教育信息技术课程纲要》，在全国首创将人工智能作为五大内容模块之一。江苏省编写的普通高中信息技术必修教材包含专门的人工智能章节，在全国20个省份投入使用。2023年，江苏省根据教育部颁布的《义务教育信息科技课程标准》修订本省义务教育信息科技课程教材，将人工智能作为六大逻辑主线和九大内容模块之一，贯穿3～9年级，规定每周1个课时。其中，9年级信息科技课程教材名称就是"人工智能"，即将于2025年秋季学期正式投入使用。

从区域层面看，全省13个设区市均主要依托信息科技课程开展人工智能教育，部分市、县还结合本地实际，积极探索人工智能通识教育新模式。如无锡市经开区打造了近5000平方米的人工智能教育基地，依托基地面向全区中小学3～9年级学生开设了20多门人工智能访学课程；联合江南大学编写人工智能教育指导用书，全区中小学3～9年级每周在开设一节信息科技课程的基础上，专门开设一节人工智能课，每校配备3名专职教师，在全省率先建成规模化人工智能教育体系。

从学校层面看，除按规定开设相关国家课程和地方课程，不少学校还专门开设了人工智能校本课程，努力探索具有学校特色的人工智能教育模式。比如，无锡市尚贤万科小学坚持"课程＋活动"的立体化培养路径，构建了"校本—基地—社团—竞赛"四级金字塔式人工智能课程体系，校本课程侧重普适、基地课程侧重拓展、社团课程侧重高阶、竞赛课程侧重拔尖，满足不同层次学生的学习需求。扬州中学制定了具体的人工智能课程教学大纲和课程标准，推出一系列校本课程，被央视《共同关注》栏目专题报道。调研显示，截至2024年底，全省68.11％的中小学校开设了人工智能社团、拓展课，25.3％的中小学校开设了人工智能选修课，12.06％的中小学校开设了人工智能必修课。

5.1.3 创新应用

江苏省各级教育部门和学校坚持应用为王，积极推动人工智能技术在教育领域的深入广泛应用，加速推动了学习方式、教学方式、治理服务等教育各领域、各环节的变革与创新。

人工智能助力学生学习。江苏省教育厅重点打造的江苏省名师空中课堂在原有名师一对一音视频答疑的基础上，全新接入AI大模型，上线“答疑智能体”，打造“AI智能引导式答疑＋在职教师一对一在线答疑”的双引擎模式，更好满足了学生泛在化、个性化的学习需求。学校层面，不少学校充分运用人工智能革新学习方式，取得明显成效，如苏州市吴江区青云小学坚持“技术反哺乡土”导向，打造了虚实融合的“AI学习村落”教学空间，开发了一批基于乡村真实场景的AI学习项目，探索出一条乡村小规模学校推进人工智能教育的实施路径。

人工智能助力教师教学。鼓励区域和学校将人工智能融入教育教学全过程，减轻教师负担，促进教师专业发展，如南京市玄武区推进AI赋能课堂教学循证改革，通过无感知采集课堂数据并自动生成诊断报告，为教师改进课堂教学提供精准建议。徐州市泉山区以“数据驱动＋技术赋能”为路径，构建智能研修体系，推动教师专业发展从经验导向转向数据循证。

人工智能助力教育治理。支持各地各校运用人工智能提高教育决策、管理和服务效能，如无锡市推出“锡教通”AI助手，建成能查、能办、能问、能分析的智能中枢，有效缓解在招生入学、学生资助等方面“家长跑断腿、学校磨破嘴”的困境。建湖县向阳路小学构建了“AI预警—人工复核—多维干预—效果跟踪”的闭环管理体系，实现对心理高危学生的精准识别和科学干预，促进了学生全面发展和健康成长。

5.1.4 支撑体系

拓宽资源供给。江苏省教育厅依托省名师空中课堂开设“人工智能教育”专栏，上线首批近20门课程资源。教学新时空平台上线教师人工智能相关培训课程27个，点播量300多万。此外，面向师生常态化开展人工智能通识教育直播，累计观看人次达580万。

提升教师素养。聚焦提升中小学教师人工智能素养，省级层面设置了骨干教师人工智能素养提升、中小学人工智能教育领航教师、人工智能教育领导力、教师素质素养发展示范学校校长等项目。及时调整省"领航杯"教育数字化应用能力大赛赛项设置,增设 AI+学科教学相关赛项。举办全省中小学人工智能赋能教学研修、"幸福教科研　成就好老师"数字教育专场等活动。在省教育科学规划课题中专设人工智能赋能教育方向研究课题,引导教师主动开展人工智能教育教学研究。

5.1.5 各设区市发展概况

南京市在人工智能教育领域展现出较强的统筹规划与资源整合能力。市教育局统筹安排专项经费,为全市中小学配备基于人工智能技术的教学器材,实现了校际间硬软件均衡,构建了与新课标高效对接的实验教学环境。同时,南京市构建了多层次、多样化的人工智能课程体系,涵盖普及课程、社团课程及竞赛课程,注重跨学科融合,满足不同学生的兴趣与发展需求。此外,南京市还积极开发校本教材,注重理论与实践结合,并关注人工智能伦理与社会影响,培养学生的社会责任感。在师资队伍建设方面,南京市构建了市、区、校三级联动的教师培训体系,通过引进和培养相结合的方式,不断优化人工智能教师师资结构,为人工智能教育的深入发展提供了有力保障。

无锡市在人工智能教育方面展现了前瞻性的政策引领与丰富的课程资源建设。率先出台《无锡市推进中小学人工智能教育工作方案》,明确了人工智能教育的发展方向与具体任务。在课程建设方面,无锡市已开发人工智能相关课程达85门,形成了较为丰富的课程资源,并正在进一步整合构建贯通式人工智能教育课程体系。同时,无锡市还积极构建人工智能教育"1+8+X"三级学习空间建设格局,为学生提供高质量的学习环境。此外,无锡市还通过举办各类活动、组建专家库、开展师资培养等措施,推动人工智能教育的深入发展。

徐州市在人工智能教育方面注重课程方案的落实与教学模式的创新。通过依托国家中小学信息技术课程体系标准,徐州市充分挖潜教材,引导学生关注人工智能领域相关内容。同时,徐州市还从智慧研、精准教、个性学、多元评四个方面探索人工智能在教学场景中的创新应用,加速人工智能应用落地。例如,通过 AI 数据支撑下的智能教研、专业化教学平台下的精准教学、教学智能体下的个性化学习以及技术赋能下的多元评价等措施,徐州市显著提高了教学效果与学生的学习体验。

常州市在人工智能教育方面注重课程体系的层次性与资源引入的多样性。通过将人工智能相关课程纳入校本课程体系,形成层次分明的课程架构,从低年级的启蒙教育到高年级的系统学习，逐步提升学生的认知与技能水平。积极与专业教育机构合作，引进成熟的人工智能课程资源，确保课程内容的专业性与前沿性。在硬件与软件建设方面，常州市部分学校建设了创客空间，配备了先进的教学器材，并利用编程软件培养学生的逻辑思维能力和基础算法。此外，常州市还通过教师培训项目和专业成长计划，提升教师对人工智能的认知与应用能力，促进教师专业素养的提升。

苏州市在人工智能教育方面注重课程与教学应用的初步实施及教学技术的赋能探索。通过实现人工智能课程试点学校全覆盖，推动乡镇学校课程普及，苏州市显著提高了学生的参与度和实践能力。同时，苏州市还利用AI技术进行英语作文批改、数学同类题推荐等功能，极大提升了教学效率并减轻了教师的批改负担。在个性化学习方面，苏州市通过AI平台对学生的学习数据进行实时分析，制定个性化的学习方案，取得了初步成效。此外，苏州市还通过人工智能技术构建智能化评价体系，全面赋能教育教学，为教育的个性化发展提供强有力的技术支撑。

南通市在人工智能教育方面注重课程的多元探索与教材的博采众长。通过打造AI社团、AI＋机器人社团等特色课程，吸引众多热爱科技的学生参与，满足不同层次学生的需求。同时，南通市各校积极探索教材资源，依托国家中小学智慧教育平台，引入专业教材，并在教育论坛交流心得，为教材优化添砖加瓦。在师资队伍建设方面，南通市精心组织线上线下人工智能培训，鼓励教师外出进修，与高校及科研团队交流，提升教师的专业素养。此外，南通市还聘请当地人工智能企业工程师开展实操课，让学生仿若置身职场，增强实践能力。

连云港市在人工智能教育方面实现了全学段的覆盖与特色化发展。从小学阶段的启蒙教育到初中阶段的应用赋能，再到高中阶段的跨学科探讨，连云港市构建了循序渐进的人工智能课程体系。同时，连云港市还注重教材使用的灵活性与针对性，结合本地实际情况和学生需求，精心设计教学方案。在师资队伍建设方面，连云港市充分发挥市县区教育管理信息中心、教研室及网络名师工作室的作用，组织教师开展形式多样的人工智能相关知识学习活动，逐步打造了一支适应时代要求的人工智能教师队伍。

淮安市在人工智能教育方面注重散点式应用与专项应用的结合。教师在课堂教学中广泛应用人工智能技术，如智能体教学、AI批改作业等，提高了教学效率与管理水平。同时，淮安市还通过智能研修平台，利用大数据进行课堂教学效果评价，帮助教师改进教学方法，提高课堂效率。智能辅助教学系统能够根据学生的学习情况提供个性化建议，智慧评价系统在学科教学中被尝试使用，这些创新手段初步显示了提升学习效率和质量的潜力，得到了学生和教师的良好反馈。

盐城市在人工智能教育方面注重教育管理者的培训与骨干教师的研修。通过组织局长、校长人工智能教育培训及全市青少年人工智能骨干教师研修活动，盐城市帮助教育管理者和教师深入了解人工智能技术的前沿发展与应用方法。同时，盐城市还开展人工智能赋能教育教学研究，组织信息化优质课大赛、听课评课活动及专题研讨等措施，推动人工智能技术在实际教学中的广泛应用。在盐都区、东台市等智慧教育样板区建设中，盐城市通过政策支持、技术创新和场景应用等措施，推动人工智能技术在实际场景中的快速落地和验证。

扬州市在人工智能教育方面注重专家学者的授课指导与学生的竞赛活动参与。通过邀请专家学者进行授课指导，扬州市帮助教师掌握人工智能基本知识和教育技能。同时，扬州市还组织学生参加各类竞赛活动，如机器人大赛、编程比赛等，激发学生对人工智能的兴趣和热情。在人工智能教育资源建设方面，扬州市不断加强整合优质教育资源，开发符合中小学生认知特点的人工智能教材、教辅和校本课程。此外，扬州市还建成了多个省级网络中小学名师工作室，为人工智能教育的深入发展提供有力支持。

镇江市在人工智能教育方面注重教学上的辅助讲解与跨学科应用研究。通过利用 AIGC 大语言模型进行人工智能辅助讲解，帮助学生快速达到学业水平标准。同时，镇江市还开展跨学科的应用研究，利用文心一言等 AIGC 工具开展课程专题教育研究等。在丹阳市和京口区等智慧教育样板区建设中，积极推进人工智能赋能教育教学，通过建设“慧学”智研系统和“慧学”智能教学场景等措施，提升教学效果与学生的学习体验。

泰州市在人工智能教育方面积极探索教学全流程、全要素的智能化应用。从教学设计、教学情境创设到作业批改与教学评价，泰州市充分利用生成式人工智能大模型、数字人技术、AR 技术等手段，提升教学的个性化和多样性。部分学校还利用智能教学软件优化教学，如数学学科借助智能辅导平台推送个性化习题，英语教学运用语音识别软件纠正发音等，显著提高了教学效果。此外，泰州市还引入

AI教师能力测评系统，精准量化评估教师教学能力，为教师专业成长提供有力支持。

宿迁市在人工智能教育方面注重作文批改与教学融合的试点工作。通过推动中心城区中小学校语文教师规模化应用人工智能大模型技术，开展作文批改和教学融合试点，宿迁市显著提高了学生的写作水平和教师的教学效率。学生可以更加便捷地获取作文批改建议，教师则能更专注于指导学生提升写作思维与创意。这一举措不仅提高了教学质量，还为学生提供了更加个性化的学习体验。

5.2 中小学人工智能教育发展存在问题

（一）体制机制不健全且资源分配不均

江苏省在人工智能教育体制机制建设方面尚不完善，政策指导和支持力度不够。不同地区、不同学校在人工智能教育发展上存在较大差异，资源分配不均现象突出。部分学校因资金投入不足，难以配备先进的人工智能教学实验器材和课程资源，限制了人工智能教育的普及和发展。同时，缺乏有效的校际交流合作机制，难以实现资源共享和优势互补，影响了全省人工智能教育水平的整体提升。

（二）课程教材体系不完善且缺乏统一性

当前，江苏省人工智能教育课程教材体系尚未健全，缺乏统一规范的标准。多数学校将人工智能教育内容融入信息科技或科学课程中，但渗透程度有限，难以形成系统化、连贯性的知识体系。部分学校虽开设专门课程，但课程内容单一、形式刻板，难以满足学生多样化需求。在教材方面，学校多依赖市场科普教材或网络开源资源，此类资源虽具有趣味性且更新及时，但其理论深度和系统性不足，质量参差不齐，教师需耗费大量精力筛选整合。此外，教材内容与学生实际认知水平及兴趣点存在脱节现象，难以有效激发学生学习兴趣和积极性。

（三）师资力量薄弱且专业发展受限

目前，江苏省大多数学校是由信息科技教师或科学教师兼任人工智能课程，这些教师虽具备一定信息技术基础，但对当前新兴的人工智能专业知识和相关工具的掌握程度有限。同时，教师参加相关前沿的培训或研讨活动的机会较少，难以跟上人工智能领域快速更新的技术知识，导致教学水平和能力难以提升。此外，缺乏有效的激励机制和职业发展路径，使得优秀教师难以留在人工智能教育领域，进一步加剧了师资短缺问题。

（四）教师培训体系不健全且效果不佳

教师培训是提升人工智能教育师资水平的重要途径，当前江苏省在教师培训方面存在诸多不足。一方面，培训内容缺乏与人工智能相关前沿的知识与技术应用的培训，难以满足教师在实际应用人工智能展开教学的实际需求。另一方面，培训方式单一，多以理论讲授为主，缺乏实践操作和案例分析，缺乏系统性和针对性，导致培训效果不佳。此外，缺乏持续性的跟踪指导和反馈机制，使得教师在培训后难以将所学知识有效应用于实际人工智能教学中。

（五）评价机制不完善且难以衡量教学效果

在中小学人工智能教育方面，江苏省尚需建立健全科学的评价体系，明确评价标准和指标，对学生学习人工智能、教师运用人工智能进行教学的效果进行客观、公正的评价。此外，评价方式也相对单一，多以结果性考试为主，欠缺对学生实践能力、创新思维和团队协作能力等综合素养的评价，不仅不利于全面反映学生学习情况，也制约了教师教学的积极性和创新性。

5.3 推进中小学人工智能教育发展建议

（一）加大统筹推进力度

出台全省人工智能赋能基础教育专项行动计划，明确目标任务、工作举措，对省级层面推进中小学人工智能教育进行总体设计、系统部署。各级教育行政部门要成立中小学人工智能教育领导小组，基教、教师、教研、技术、装备等部门协同合作，做好课程设计、师资培训、环境建设、软硬件配备和融合应用等工作。组建由高校、科研机构、知名企业等多方专家参与的中小学人工智能教育专家委员会，负责战略咨询、资源研发、应用指导等工作，构建政产学研用协同推进人工智能教育的工作格局。

（二）拓宽优质资源供给

研制江苏省中小学人工智能课程纲要，明确课程定位，根据不同学段特征，确定不同层次课程目标，推动人工智能教育在地方课程和校本课程中的系统化、规模化落地。依托省名师空中课堂，建设全省中小学人工智能教育资源中心，联合高校、科研机构、相关企业等力量，整合汇聚全省各市县地方特色课程和校本课程，研发上线一批人工智能普及类课程资源、辅助资源包、创新教具以及跨学科主题学习类课程资源，满足师生大规模、个性化学习需求。实施针对农村学校和特殊教育的“AI 教育普惠计划”，推动人工智能教育惠及每一个学生。

（三）加强师资队伍建设

实施全省中小学教师人工智能素养提升行动，采取省级全员通识培训、领航教师培训和校本实践实训相结合的方式，推动形成省、市、县、校四级培训联动开展。开展局长、校长人工智能教育领导力提升专题培训，推动将人工智能融入学校办学全过程。统筹用好社会师资，省级牵头组建由人工智能领域相关科学家、教授、工程师等组成的人工智能导师团和专家工作室，定期开展专题讲座、课题指导、专项培训等。在各级教育科学规划课题中，设立一批人工智能教育方向的研究课题，引领全省教师积极开展人工智能教育领域前瞻性研究。

（四）强化典型示范引领

整合全省科教和产业资源，围绕不同应用方向，从基础较好的区域、学校及知名人工智能相关企业中，遴选建设一批省级人工智能教育实践基地，推动基地资源开放共享。推进人工智能教育试验区、实验校建设，探索区域、学校开展人工智能教育普及以及创新应用的新模式、新路径。积极推进市级中心实验室建设，区县枢纽实验室和学校节点实验室建设，鼓励差异化发展。在“领航杯”省教育信息化应用能力大赛中进一步增加人工智能相关赛项比重，每年举办“人工智能＋跨学科”课堂教学交流展示活动，选树一批有引领示范作用的名优教师，进一步激发师生参与人工智能领域学习和研究的积极性。加大人工智能教育的宣传力度，发布一批“人工智能＋教育”典型应用场景和案例，不断提升江苏人工智能教育的美誉度和影响力。

6. 发展指数测算模型

6.1 指标权重计算

采用基于博弈论的组合赋权法确定各个指标的权重。首先，使用 AHP 法计算出指标的主观权重，使用 CRITIC 法计算出指标的客观权重；其次，基于博弈论计算指标的组合权重，使组合权重与主观权重、客观权重的离差极小化。

基于博弈论的组合赋权法得到的组合权重介于 AHP 法和 CRITIC 法确定的权重之间，是主观权重和客观权重的优化组合。组合赋权法通过一系列运算过程量化规定了主观权重和客观权重分别在综合评价中的比重，协调和均衡了 AHP 法和 CRITIC 法对赋权结果的作用和影响，最大限度地克服了单一权重的片面性，使得综合评价更科学合理，具有更好的解释性和说明性。

6.2 指数测算方法

教育数字化发展指数可以用来评价与比较国家或地区的教育数字化发展水平，也能够反映一个国家或地区教育数字化的发展进程和变化情况。本报告首先对各项指标数据进行标准化处理，消除各指标的量纲，然后采用线性加权模型进行指数计算。具体计算公式为：

$$EDI=\sum_{i=1}^{n}W_i\Big(\sum_{j=1}^{m}W_{ij}Z_{ij}\Big)$$

在公式中，EDI 为教育数字化发展指数，n 为教育数字化发展指数的分类个数，m 为教育数字化发展指数第 i 类指数的指标个数，为第 i 类指数在总指数中的权重，且 $\sum_{i=1}^{n} W_i = 1$，W_{ij} 为第 j 项指标在第 i 类指数中的权重，且 $\sum_{i=1}^{n}\sum_{j=1}^{m} W_{ij} = 1$，$Z_{ij}$ 为第 i 类指数中第 j 项指标无量纲化后的值。指标无量纲化处理采取对数方式，避免省级指标数据变化过大造成各维度指数突变。

7. 总结

7.1 发展现状

7.1.1 基础教育数字化现状

从整体上看，江苏省基础教育数字化发展综合指数为 54.97。南京、无锡、扬州、镇江、苏州、连云港、常州、泰州八个设区市的综合指数均高于全省平均水平，其中南京市的综合发展指数最高，为 58.74；宿迁市的教育数字化发展综合指数最低，为 41.26。

在基础设施方面，江苏省基础设施建设较为完善，全省有 99.98%的中小学部署了无线网络，为教育数字化相关工作的开展提供了良好的保障。但是，在智能学习空间多样化方面仍需要进一步提升。

在教育资源方面，江苏省数字化教育资源在教学应用中的水平有所提升。全省中小学有 90.80%的教师能够获得在线开放、公开的数字资源，有 69.36%的教师能够获得学校购买、引进的数字资源。全省学校有 68.11%的人工智能课程以拓展课/社团形式开展，有 25.30%的人工智能课程以选修课形式开展。但是，在非常规信息课程的开设方面需要进一步提升。

在教学应用方面，江苏省主干学科课堂教学实现信息技术常态化应用的学校比例达 92.59%，全省中小学校能够利用信息技术开展教学的学科教师占比为 94.48%，全省有 59.74%的中小学校信息科技课程能够组织开展在线考试。

在管理数字化方面，江苏省中小学校教学、管理类信息系统以区域统筹建设的部署比例为 68.40%，全省学校常用管理信息系统间实现统一身份认证的比例为 67.08%，全省学校现有管理信息基础数据应用于学生学情分析的比例为 69.25%。

全省中小学校使用物联网技术及各类智能感知设备应用于基建安防的比例为 62.64%。但是,在实验实训、营养膳食等方面的关注有待进一步提升。同时需要加快推进不同系统的统一身份认证,扩大管理信息数据应用范畴,实现安全监控系统全覆盖,不断提高学校信息化管理水平,确保数字化工作可持续发展。

在保障措施方面,江苏省中小学都较为重视校级信息化主管领导(CIO)职位的设立,并采取相应机制促进教师信息技术在教育教学中的应用。全省中小学校均信息技术课程教师人数为 4.67 人。但是,乡村学校信息技术课程教师人数较少,校均为 3.08 人。全省最近一年参加教育信息化专项培训的教师比例仅为 60.88%。可见,江苏省中小学校不仅需要加强信息技术专任教师队伍建设,还应关注于提高教师数字化应用能力,不断加强学校数字化队伍建设,培养创新型人才。

7.1.2 职业教育数字化现状

职业教育数字化发展情况主要从基础设施、教育资源、教学应用、管理数字化和保障机制五个方面进行总结。

在基础设施方面,有 44.97%的学校自主建设、运营并维护校园信息系统,在数字化场馆中使用数字图书馆最多,占比为 76.33%。但是,仍有 14.20%的学校没有建设数字化场馆,在这一方面需要进一步提升。

在教育资源方面,全省职业学校教师使用最多的数字教育资源是 PPT 教学课件,占比为 73.37%,同时实现校企合作建设在线开放资源,其中企业信息库和岗位技能标准库资源最多,占比均为 43.79%,全省职业学校市场购买的仿真实训资源最多,占比为 85.80%,全省职业学校拥有虚拟仿真实训室最多,占比为 79.29%。但是仍有 5.92%的学校没有仿真实训资源,仍有 12.43%的学校没有仿真实训环境,在仿真实训资源建设和环境建设方面仍需加强。

在教学应用方面,全省有 95.27%的职业学校利用信息化教学系统的教学平台功能,同时建有虚拟实验实训教学系统有 85.80%。但是 1.78%的学校未使用信息化教学系统,5.92%的学校未使用虚拟实验实训教学系统,在教学应用方面有待提高。

在管理数字化方面,全省职业学校提供的共享信息服务中校企共训占比最多,为 75.74%,全省职业学校教育数字化管理内容最广泛的数据是学校信息,占比为

90.53%,全省职业学校应用公共支撑服务系统最广泛的是校园一卡通系统,占比为87.57%,同时有93.49%的学校已有人员管理制度。但是仍有9.47%的学校没有提供校企共享信息服务,1.18%的学校没有实现管理信息系统基础数据的有效应用,需要提升学校的管理信息化水平。

在保障机制方面,所有学校都对校园数字化建设提供经费投入,其中硬件经费占比最高为34.58%,全省职业学校主管数字化工作校领导级别副校长最多,占比78.11%,全省职业学校实现统一身份认证的管理服务保障措施比例最多,占比87.57%,同时制定学校教师数字技术应用能力培训计划是学校为在教育教学中常态化应用数字技术采取最多的促进措施,占比为75.15%。由此可见,职业学校在数字化保障机制方面建设良好。

7.1.3 高等教育数字化现状

高等教育数字化发展情况主要从基础设施、教育资源、教学应用、管理数字化和保障机制五个方面进行总结。

在基础设施方面,全省高校平均拥有智慧教室82.66间,同时全省高校实现了数字化场馆的建设,其中使用最多的是数字图书馆,占比为86.79%,为后续学校数字化工作的开展奠定了基础。

在教育资源方面,全省高校的数字化资源的来源大部分来自学校购买、引进,占比为92.45%,在数字化教学过程中教师能够将数字教育资源应用于教学,其中使用最多的是文献资料,占比为75.47%。高校数字资源在学校内部之间的共享服务占比为100.00%,应不断扩展学校资源在学校之间以及社会中的共享服务。

在教学应用方面,全省高校虚拟仿真技术资源应用场景虚拟仿真实验教学的占比最高,为92.45%,同时全省高校最常使用的科研数字化服务为科学文献共享,占比为66.04%。但是仍有7.55%的学校需要加强虚拟仿真技术资源的应用,为教师提供更多的科研信息化服务。

在管理数字化方面,全省高校在网络安全管理制度方面采取的措施最多的是制定组织及职责制度和工作人员、第三方工作人员管理制度,占比均为94.34%。但是仍有1.89%的学校没有采取任何促进管理服务效率和治理水平提升的措施。

在保障机制方面,全省高校数字化经费投入中,建设经费占比为54.92%,运维经费占比为34.52%。全省高校数字化工作职能部门人员校均为17.47人。高校数字化校本培训的教师覆盖率仅为 59.16%，需要进一步扩大教师培训覆盖率。

7.1.4 小结

整体而言，江苏省基础教育、职业教育和高等教育数字化发展取得了一定成效，在教育数字化关键指标方面表现较好，普遍高于全国均值。未来可进一步加强学校数字终端和数字化学习场馆建设，培育数字化专任教师队伍，促进优质数字课程和虚拟实验类资源的共建共享和创新应用，充分发挥教育教学数据效能，支撑教育高质量发展。

7.2 提升建议

（一）完善数字基建，筑牢教育数字化转型根基

构建省级教育专网，严格落实网络带宽标准，实现万兆到区县、千兆到校园、百兆到班，同时加强对云、网、端等关键基础设施的保护力度，采用数据存储加密、统一身份认证、推进国产正版软件使用等多元化手段，打造可信的人工智能教育支撑体系。全面普及智慧教室、实验室、活动室等智能化教与学环境，将人工智能技术产品深度融入各级各类学校，全力推进智慧校园建设。通过智能化教学与管理服务，实现教育资源的优化配置与共享，为师生创造更加优质、高效的学习与工作环境。

（二）优化资源供给，促进优质教育资源开放共享

应积极对接国家智慧教育平台，丰富省级数字教育资源库，推动优质数字教育资源的共享与开放，打破教育资源的地域与学校壁垒，为师生提供丰富多样的学习资源选择，实现教育服务的主动、按需、精准供给。注重提升资源质量与更新频率，加强数字教育资源的审核与监管，确保资源内容的科学性、准确性与时效性。同时，提升平台智能化服务能力，不断拓展平台应用场景，满足不同学科、不同层次师生的多样化需求，提升教育资源的利用效率与效果。

（三）坚持应用导向，推动数字化教学应用落地

鼓励学校充分利用智能助教、智能学伴等智能化教学产品，为师生提供更优质、更便捷、更高效的教学服务，提升教学效率与质量。推广个性化学习应用，借助智能推荐系统和学习分析技术，为每个学生量身定制学习路径和资源，满足学生的个性化发展需求，提升学习效果。探索以教育数字化赋能教育教学改革，拓展课堂边界，重构教学组织形式，创新教学模式，开展启发式、探究式、讨论式、参与式的课堂教学活动，促进学生个性化培养和协同育人，培养具有创新精神和实践能力的新时代人才。

（四）强化数据驱动，推动教育数字化科学管理

充分利用人工智能技术，实现管理流程的全面数字化，推动管理业务流程的精准化和高效化。借助智能教学平台，收集、分析和管理流程中的各类数据，为制定精准的学校决策和科学的师生评价提供有力的数据支持根据数据分析结果调整教学策略，为师生提供更具个性化的教学服务，支撑各学段全过程的纵向评价及德智体美劳全要素的横向评价；通过深度挖掘和分析教育数据，发现教育过程中的潜在问题，推动教育教学的持续改进，助力教育高质量发展，实现教育管理的精细化与智能化。

（五）建立保障体系，为教育数字化提供全方位支持

针对全省教育数字化发展现状，及时更新与调整现有政策体系，明确全省教育数字化发展的基本目标和根本任务，为各级教育部门和学校提供明确的指导和支持，确保教育数字化转型工作有序开展。加强技术研发，鼓励和支持科研机构、高校和企业加强教育数字化发展相关的技术研发和创新。推动以生成式人工智能为代表的新技术与教育领域深度融合，在全省样板区开展试点探索，打造形式多样、场景聚焦的优秀案例库，为教育数字化转型提供技术支撑和实践经验。

后记 / POSTSCRIPT

为做好本报告的编写工作，江苏省教育网络安全和信息化领导小组办公室印发相关通知，组织各设区市、县（市、区）教育行政部门及各高校对本地区本单位教育数字化情况进行了调查，共收到全省 4478 份中小学校、169 份职业院校、53 份高等院校的有效调研问卷，为报告的编制积累了重要的数据材料。

本报告是集体智慧的结晶，江苏省教育厅领导为报告编制提出了指导要求，省教育厅相关处室（单位）为报告编制给予了大力支持。江苏省教育信息化与数据管理中心高度重视报告编制工作，与报告编制专家团队多次召开研讨会议，研究确定了报告的框架、编写体例、编写原则等。华中师范大学作为报告编制合作单位，共同参与了报告框架、编写体例、数据分析、研究总结的全过程，并承担了报告初稿的主要编写工作。陈敏、徐建在编写过程中承担了组织联络工作，陈敏、李亚婷、李佳平、冯心茹、王棋慧、张啸、刘璇全程参与了报告的编写工作。江苏省教育信息化与数据管理中心李建芬、肖浩、张骅等同志参与了报告数据审核和文字校对等工作。各设区市教育信息化管理部门积极配合，提供了主要的调研材料。

本报告数据来源主要包括三个部分，即调研问卷数据、全国教育信息化工作管理信息系统典型指标数据、全省教育数字化相关重点工作数据。报告本着实事求是的原则，尽可能全面客观地反映全省以及各地各校教育数字化现状，目的是发现问题、解决问题，进一步推动江苏教育数字化高质量发展。

由于水平有限，报告中可能有不足或不妥之处，恳请各位专家和读者批评指正。